Fotos: Udo Bernhart

Text: Thomas Jeier

ROUTE 66

Bruckmann

Inhalt

NEVADA
CALIFORNIA
Barstow
Victorville
Los Angeles
San Bernadino
Amboy
Needles
Kingman
Seligman
Williams
Flagstaff
Winslow
Holbrook
ARIZONA
Gallup
Laguna
Albuquerque
NEW MEXI
Pazifischer Ozean

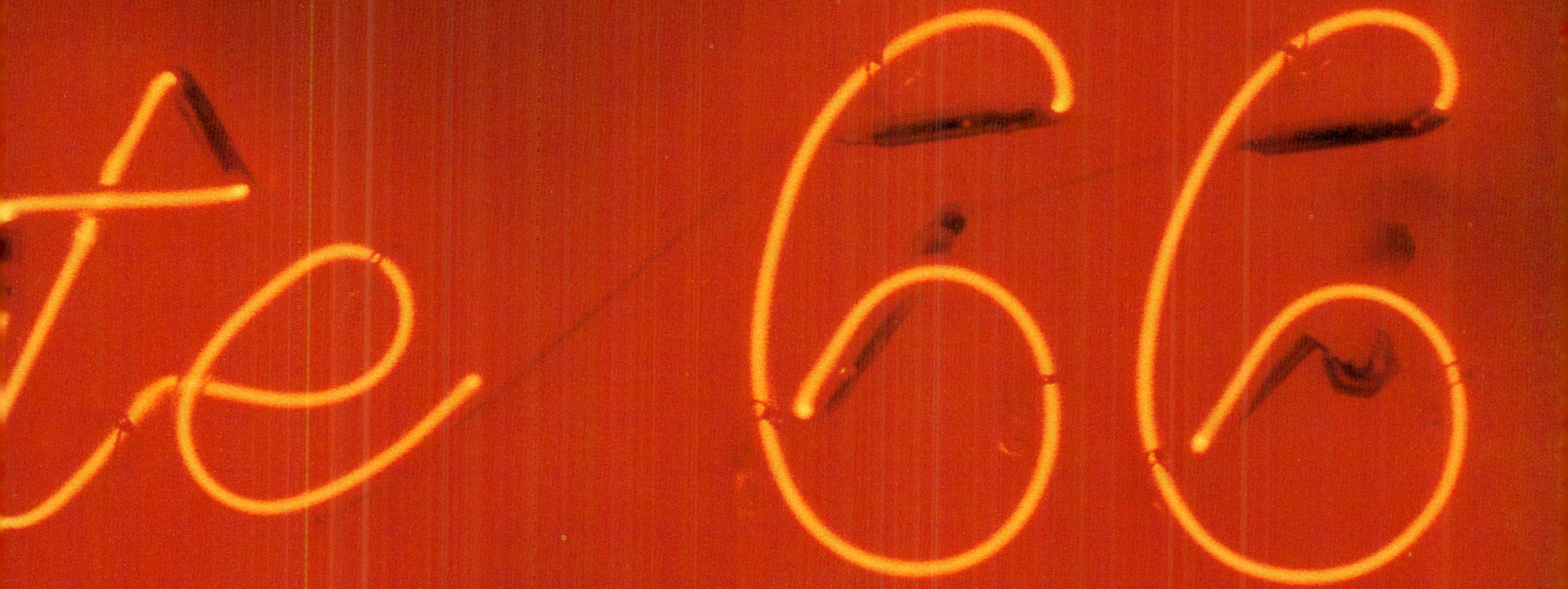

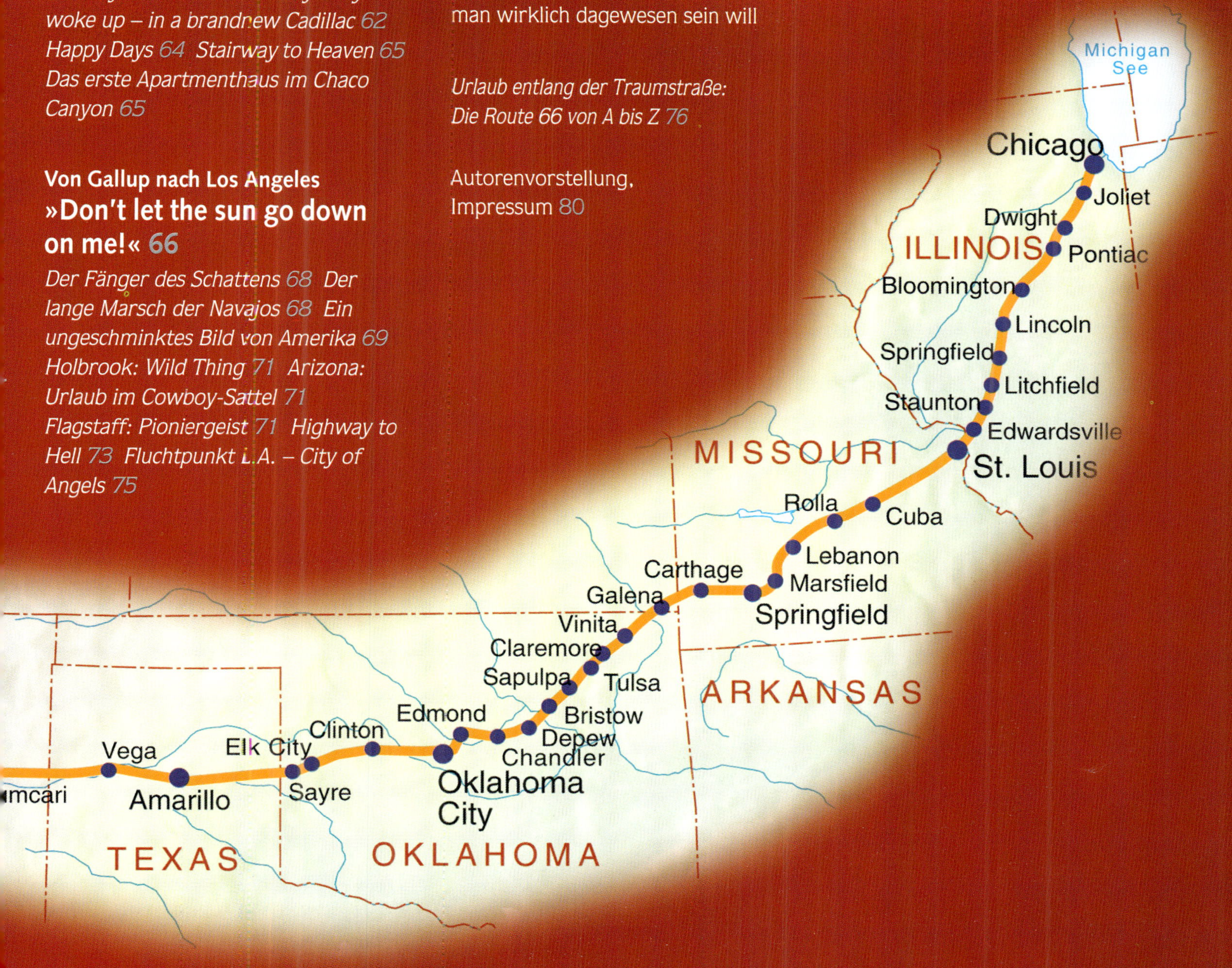

Michigan See
Chicago
Joliet
Dwight
ILLINOIS
Pontiac
Bloomington
Lincoln
Springfield
Litchfield
Staunton
Edwardsville
MISSOURI
St. Louis
Rolla
Cuba
Lebanon
Marsfield
Carthage
Galena
Springfield
Vinita
Claremore
Sapulpa
Tulsa
ARKANSAS
Bristow
Edmond
Depew
Chandler
Clinton
Elk City
Vega
Sayre
Oklahoma City
Amarillo
TEXAS
OKLAHOMA

Zu diesem Buch

Das Ende des Regenbogens

ROUTE
66

HOLBROOK INN
Brad's
Desert INN
Budget Host
VACANCY
Budget Host
2 FOR 20
FREE CONT BREAKFAST
KING
WEEKLY
PHONE
VACANCY
OFFICE

Die Route 66 lebt in Holbrook, Arizona, als hätte es nie einen Interstate gegeben. Noch immer brummen gewaltige Trucks über die Main Street, und vor Tankstellen, Werkstätten, Restaurants und Läden hängen die Originalschilder der historischen Straße.

Reisen, um unterwegs zu sein

Traumstraße der Sehnsucht

Get your kicks on Route 66: Über die legendäre »Main Street of America« zum fernen Horizont und in ein Amerika, das es nur noch abseits der belebten Interstates und in unseren Träumen gibt – eine Straße, die in Chicago beginnt, in Los Angeles endet und doch keinen Anfang und kein Ende hat. »Ich verreise nicht, um irgendwo anzukommen, ich verreise, um unterwegs zu sein«, schrieb Robert Louis Stevenson. Der Weg ist das Ziel. Das wahnsinnige Gefühl, den Asphalt unter den Rädern zu spüren und endlich wieder unterwegs zu sein, ist der eigentliche Kick. Oder wie Jack Kerouac einmal schrieb: »... ein schnelles Auto, die Küste als Ziel und eine Frau am Ende der Straße.«

Von den Landkarten ist die Route 66 längst verschwunden, aber in unseren Träumen blieb sie so lebendig, daß sie unter Denkmalschutz gestellt und mit braunen Hinweisschildern markiert wurde: Historic Route 66. Die Straße ist Geschichte, aber die Träume sind immer noch aktuell, und das Ende des Regenbogens liegt über dem brüchigen Asphalt, der am weiten Horizont mit dem dunstigen Himmel verschmilzt.

Cyrus »Cy« Stevens Avery, ein rastloser Unternehmer aus Oklahoma, war der Vater der Route 66. Als Präsident der »Associated Highways Associations of America« trieb er ein Projekt voran, das eine Verbindung zwischen den industriellen Zentren im Nordosten und dem landwirtschaftlich geprägten Heartland mit dem wirtschaftlich gesunden Kalifornien versprach. Als Besitzer einer Raststätte und einer Tankstelle außerhalb von Tulsa, Oklahoma, wußte er am besten, daß seine Landsleute von der Eisenbahn auf das Auto umgestiegen waren und immer mehr Model T's über holprige Schotterstraßen nach Westen fuhren. Seit 1913 – damals hatte Henry Ford das Fließband eingeführt – kostete das legendäre Auto nur noch 345 Dollar. Ein Gesetz zur Schaffung von Nationalstraßen – »Federal Air Road Act« – und Bürgerbewegungen wie das »Better Roads Movement« setzten sich für einen Ausbau des Straßennetzes ein.

Im Jahr 1920 wurden über zehn Millionen Automobile in den USA gezählt, keine zehn Jahre später waren

es schon doppelt soviel. 1921 entstand der erste Drive-In im texanischen Dallas. Die ersten White Castle Hamburgers wurden verkauft. 1923 feierte man den ersten nationalen Highway – eine kaum befahrbare Geröllpiste, die als »Lincoln Highway« auf den ersten Straßenkarten der Mineralölkonzerne vermerkt war.

Im Jahr 1925 wurden alle Straßen numeriert, der Lincoln Highway wurde zum Highway 35. Die Verbindung zwischen Chicago und Los Angeles sollte die Nummer 60 bekommen, aber gerade noch rechtzeitig erkannte man, bereits einen Highway in Missouri mit dieser Ziffer versehen zu haben. Übrig blieb die magische 66.

Der Highway 66 wurde am 11. November 1926 dem Verkehr übergeben: eine staubige Schotterstraße, die durch acht Bundesstraßen führte und nach 2448 Meilen am Pazifischen Ozean endete. Zum Mythos wurde der Highway 66, weil am Horizont die Freiheit wartete – das Land, in dem Milch und Honig fließen; ein Paradies, das die wenigsten Reisenden erreichten. Sie waren schon zufrieden, dem grauen Alltag entronnen zu sein. Der Highway brachte sie in eine bessere Welt und schützte sie vor den bedrohlichen Wolken, die über den belebten Städten und einsamen Farmen heraufzogen.

Go West, Young Man!

Über den Highway 66 nach Westen, auf den verstaubten Trails der Siedler in eine bessere Welt: Abseits der neuen Straße waren die Spuren der Auswanderer noch immer zu erkennen, auf dem Mormon Trail und dem Santa Fe Trail; selbst auf dem »Camino Real« der Spanier – und auf den benachbarten Schienen verrosteten die Güterwagen, in denen Hobos und andere Landstreicher nach Kalifornien gefahren waren: nach Westen, immer weiter nach Westen, so wie die Siedler im 19. Jahrhundert, die an der fernen Besied-

lungsgrenze ihr Dorado gesucht hatten. Der »American Dream« verlagerte sich auf die Straße, und der schier endlose Highway wurde zum neuen Symbol von Einsamkeit und Hoffnung.

Bilder wie aus einem Traum und einer längst vergangenen Zeit: ein blubberndes Model T auf der staubigen Main Street, der freundliche Tankwart an der »Filling Station«, die junge Kellnerin vor dem Drive-In, der Besitzer des einsamen »Motor Courts«, der mit einem Schild »Übernachtung nur 8 Dollar« vor dem Eingang steht. Der Trucker mit den ölverschmierten Händen, der Polizist hinter dem nächsten Hügel. Die arme Farmersfamilie aus der Dust Bowl in Oklahoma, die in Kalifornien auf ein besseres Leben hofft. Der Soldat, der aus dem Zweiten Weltkrieg nach Hause kommt und nach Hause trampt. Die jammernden Kinder im Wohnwagen, die wissen wollen,

wie weit es nach Disneyland ist. Die Straße wurde zur »Mother Road« und zur »Glory Road« und zur »Main Street of America«, und der »Highway« wurde zur »Route«, als Bobby Troup in seinem einundvierziger Buick nach Westen fuhr und den legendären Song über die Straße schrieb.

Larry Bailey hörte den legendären Song auf seiner Farm in Illinois. Er saß beim Abendessen, nach einem anstrengenden Tag auf den Maisfeldern, als der Sprecher einen gewissen Nat King Cole ankündigte: »If you ever plan to motor west, travel my way, take the highway that's the best«, tönte es aus dem altersschwachen Radio – »wenn du nach Westen fahren willst, mach es so wie ich, nimm den besten Highway, get your kicks on Route 66!«

Natürlich wollte Larry mit seiner Familie nach Westen, so wie alle

Männer, die das mühevolle Leben auf ihrer Farm satt hatten. Irgendwo im Westen ein neues Leben beginnen, die Sonne in Arizona und New Mexico genießen und in Kalifornien am Strand liegen und auf den weiten Pazifik schauen. Schon damals kehrte der Farmer im »Dixie Truckers Home« ein, »zum ersten Mittagessen auf der Route 66«, wie er sich schmunzelnd erinnert. Es gab gebratenes Huhn, sein Lieblingsessen.

Der erste Truckstop von Illinois bestand aus einer Tankstelle und einer Imbißhalle, die in einer ehemaligen Werkstatt untergebracht war. J. P. Walters und John Gesko, sein Schwiegersohn, hatten die Garage bereits im Jahr 1928 gekauft: »Dixie Truckers Home«, wegen seiner Gastfreundschaft nach Dixieland, dem amerikanischen Süden, benannt, lag außerhalb von McLean, einem verschlafenen Nest an der asphaltierten Route 66.

Früchte des Zorns

Larry Bailey schaffte es nicht bis nach Kalifornien. »Ich ließ mir die Sonne in Arizona auf den Bauch scheinen und kehrte wieder um«, gesteht er. »Ich hatte Heimweh nach Illinois, nach dem Duft der Erde, wenn es geregnet hat.« Aber die Sehnsucht nach der Route 66 ließ ihn nicht los. Er kannte »Früchte des Zorns«, den Bestseller von John Steinbeck, der den Exodus einer verarmten Familie aus Oklahoma beschreibt. Während der Depression war die »Glory Road« die letzte Hoffnung für viele Farmer gewesen, die Straße in eine bessere und gerechtere Welt. Das Buch hatte er nie gelesen, aber den Film mit Henry Fonda hatte er gesehen –

im Kino an der Ecke, nach dem Krieg, und im Fernsehen. Im »Classic Movies Channel« wird er noch heute alle paar Wochen wiederholt.

»Dixie Truckers Home« überlebte die schweren Zeiten. J. P. und John arbeiteten an der Tankstelle mit, der Truckstop hatte rund um die Uhr geöffnet. In den frühen sechziger Jahren stieß Larry Bailey zur Mannschaft. »Wir hatten unsere Farm verkauft, und ich begann als Tankwart. Ich wollte unbedingt an der Route 66 arbeiten, weil man dort interessante Menschen traf und sich mit ihnen unterhalten konnte. Dixie war für alle Leute da, nicht nur für die Trucker.« Das Feuer, das 1965 einen großen Teil des Gebäudes zerstörte, erlebte er aus nächster Nähe mit. »Wir schlossen damals nur für ein paar Stunden, dann machten wir uns daran, den Truckstop wieder aufzubauen. Sonst hatte ›Dixie Truckers Home‹ immer geöffnet!«

Inzwischen ist Larry Bailey siebenundfünfzig Jahre alt. Er arbeitet immer noch in dem Truckstop, inzwischen als Hausmeister und »Mädchen für alles«, und er ißt noch immer gern gebratenes Huhn. Das gehört zu den Spezialitäten im Restaurant. Ein »Chicken Dinner« kostet etwa sechs Dollar, einen Hamburger gibt es für zwei Dollar. Die Einheimischen mögen Eier mit gebratenem Maisbrei. Der Kaffee wird für fünfzig Cents ausgeschenkt. Von solchen Preisen träumen deutsche Autofahrer, und die Portionen sind bei Dixie auch viel größer.

Mark und Kathy Beelar führen den Truckstop in der vierten Generation, sind gerade mit dem Umbau des Restaurants beschäftigt. »Wir wollen einen Soda Fountain einrichten«, berichtet Kathy, »so wie in den fünfziger Jahren, als Cherry Coke und besonders gute Milchshakes serviert wurden.« Dann können sich die Fahrer an einem Büffet mit frischem Fleisch und einer großen Salatbar bedienen. »Wir setzen auch weiterhin auf Hausmannskost«, verspricht die Besitzerin, »das Rezept für gebratenes Huhn hat sich in siebzig Jahren nicht verändert!« Und solange »Dixie Roasted Chicken« serviert wird, bleibt auch Larry Bailey. »Hier ist ordentlich was los! Immer mehr Leute fahren über die Route 66, wollen das Amerika aus meiner Jugend erleben! Bei ›Dixie‹ hat sich kaum was verändert, vielleicht gefällt es mir deshalb so gut hier!«

Das wahre Amerika

Die Route 66 ist ein Stück Amerika, das man kennen sollte, wenn man wirklich dagewesen sein will. Disneyland, die Nationalparks – alles gut und schön, aber nicht das wahre Amerika. Das liegt hier draußen, irgendwo zwischen Chicago und Los Angeles, längs der legendären Route 66, die inzwischen zu einem gewöhnlichen Stück Asphalt verkümmert ist – von ungewöhnlichem Reiz: Hier findet man es noch, das Amerika der fünfziger Jahre, als es noch keine Hippies und erst recht keine Yuppies gab und als in den Drive-Ins noch richtige Hamburger serviert wurden statt McNuggets, Diet Cokes und anderem Schnickschnack; als Amerika noch den Amerikanern gehörte und nicht irgendwelchen Scheichs oder japanischen Konzernen.

Route 66 – das bedeutet grenzenlose Langeweile, wenn man nur von A nach B will, und grenzenloses Vergnügen, wenn man Freude am Fahren hat und genug Zeit, um Amerika abseits der großen Touristenstraßen kennenzulernen. Das ist die schier endlose Straße von einem Horizont zum anderen, wie es sie so nur in Amerika gibt; das sind unscheinbare Kleinstädte mit der einen Main Street und den überdachten Gehsteigen wie einst im Wilden Westen; das sind einsame Motels, Tankstellen und Reklametafeln mit Plakaten vom letzten Jahr; meilenlange Zäune und baufällige Farmhäuser sowie rostige Autowracks am Straßenrand. Erst jenseits des Colorado Rivers geht es zurück in die Zivilisation, nach Kalifornien, ins angeblich so gelobte Land. Vier- bis sechsspurig führt der Highway vorbei an Weinber-

Ein musikalischer Mythos

Robert William Troup Junior, besser bekannt als Bobby Troup, trug wesentlich dazu bei, die Route 66 in einen Mythos zu verwandeln. Sein Song »Get Your Kicks on Route 66« wurde zu einem Welthit und zur Hymne aller Route-66-Fans. Bevor er mit diesem Song berühmt wurde, arbeitete er als Arrangeur und Songschreiber für Tommy Dorsey, den bekannten Big-Band-Leader. Für Sammy Davis Jr. schrieb er den Nummer-1-Hit »Daddy«.

Nach dem Zweiten Weltkrieg, den er als Marinesoldat im Südpazifik verbrachte, zog er nach Los Angeles, um als Songschreiber in Hollywood zu arbeiten. Mit Cynthia, seiner Frau, fuhr er in einem 41er Buick Cabrio nach Westen. Bobby Troup: »Auf dem Pennsylvania Turnpike legten wir eine Pause ein und aßen in einem Howard Johnson's. Cynthia studierte die Straßenkarte und sagte: ›Schreib doch mal einen Song über die Route 40!‹ Ich antwortete, das sei doch ziemlich dumm, weil wir sowieso bald die Route 66 erreichen würden. Wir fuhren weiter, und als wir St. Louis erreichten, beugte sie sich zu mir herüber und flüsterte: ›Get your kicks on Route 66!‹ Ich erwiderte: ›Was für eine wunderbare Idee für einen Song!‹ Ich schrieb das Lied im Auto!«

So entstand der weltberühmte Hit, der von Nat King Cole und über neunzig anderen Künstlern aufgenommen wurde – u. a. von Paul Anka, Tom Pett & the Heartbreakers und von den Rolling Stones –, der als Thema der erfolgreichen Fernsehserie »Route 66« von Nelson Riddle interpretiert wurde und uns als Leitmotiv auf unserer Reise von Chicago nach Los Angeles begleiten wird.

gen und Kellereien; über sanfte Hügel geht es nach L.A., diesen Riesenmoloch, der auch die Route 66 gierig verschluckt. Am Santa Anita Racetrack, einem monströsen Stadion, verliert sich ihre Spur im unübersehbaren Siedlungsgewirr: Hier sind wir mittendrin im modernen Amerika. Die Vergangenheit ist nur noch ein Traum, und die Legende von der Route 66 versinkt mit der blutroten Sonne im stürmischen Pazifik.

Mitglieder werben für die Route 66

Über keinen Highway wurde soviel geschrieben, und keine Straße hat so viele Fanclubs wie die Route 66: Die »US Route 66 Association« (P.O. Drawer 5323, Oxnard, CA 93031) setzt sich für die Erhaltung der historischen Straße ein und hilft bei der Reiseplanung.

Die Adressen der lokalen Organisationen:

- California Historic Route 66 Association (2127 Foothill Blvd., No. 66, La Verne, CA 91750),
- Historic Route 66 Association of Arizona (P.O. Box 66, Kingman, AZ 86402),
- Kansas Route 66 Association (P.O. Box 169, Riverton, KS 66770),
- Missouri Route 66 Association (P.O. Box 8117, St. Louis, MO 63156),
- New Mexico Route 66 Association (1415 Central Avenue NE, Albuquerque, NM 87106),
- Oklahoma Route 66 Association (901 Manuel Avenue, Chandler, OK 74834),
- Old Route 66 Association of Texas (P.O. Box 66, McLean, TX 79057),
- Route 66 Association of Illinois (P.O. Box 8262, Rolling Meadows, IL 60008).

Buchempfehlungen:

- »Route 66«, eine fotografische Reise zu den Ursprüngen des amerikanischen Traums von Holger Hoetzel (Ullstein-Verlag),
- »Streckenpilot Route 66«, der beste Reiseführer (Ullstein-Verlag),
- »Route 66, The Mother Road«, ein amerikanischer Klassiker von Michael Wallis,
- »A Guidebook to Highway 66«, ein Faksimile-Druck der Ausgabe von 1946, immer noch amüsant zu lesen (University of New Mexico).

In den USA erscheint außerdem die vierteljährliche Zeitschrift »Route 66 Magazine« (3,95 $), zu beziehen bei: All-American Auto Mags & Books, 9/11 Tatton Street, Knutsford, Cheshire, WA 16 6AB, England.

Die Straße ist unser Zuhause, und der Horizont ist unser Ziel – auf einer schweren Maschine unterwegs wie hier John Denver. Abseits der übervölkerten Interstates über verlassene Teilabschnitte der historischen Route 66, durch ein Amerika, das sich in der Provinz kaum verändert hat. Der Alltag der einfachen Leute wird zum Abenteuer.

Der Weg ist das Ziel

Get your kicks on Route 66

I WILL
RETURN
SHORTLY...
THANKS, To Life

Mann, dafür geben wir sogar die Golden Gate-Bridge und den Grand Canyon her – für dieses wahnsinnige Gefühl, wieder unterwegs zu sein. Hinter uns verschwinden die Wolkenkratzer irgendeiner Stadt im regnerischen Dunst, vor uns erstreckt sich der nasse Asphalt bis zum Horizont. Route 66: Wir sind unterwegs, auf der Suche nach Amerika und einer Vergangenheit, die viele nur aus dem Fernsehen und Kino kennen. An die Filmtitel können wir uns kaum erinnern, aber die Szenen sehen wir noch deutlich vor uns: Die fröhliche Durchschnittsfamilie auf dem Weg ins Wochenende, hinter dem Buick ein eiförmiger Wohnwagen, der bedenklich schlingert, als Mom und Dad mit den Kids ein fröhliches Liedchen anstimmen. Lässig im offenen

Sportwagen sitzt ein Typ wie James Dean, die Zigarettenschachtel im aufgerollten Ärmel des T-Shirts, den Blick auf die blonden Mädchen am Straßenrand gerichtet. Wir erinnern uns an den Trucker mit den ölverschmierten Händen, nervös und ständig rauchend, weil die Frau mit einem anderen durchgebrannt ist; an den schrulligen Typ von der Tankstelle irgendwo in der Mitte von Nirgendwo; an den Alten im Schaukelstuhl, die Kinder, die in alten Autoreifen schaukeln, die Farmerstochter beim Wäscheaufhängen – die braunen Haare im Wind, den Blick sehnsuchtsvoll in die Ferne gerichtet.

Chicago: The Windy City

Die Metropole am Lake Michigan macht ihrem Beinamen, »The Windy City«, alle Ehre und empfängt uns mit eisigen Böen, die graue Wolkenfetzen über die Wolkenkratzer treiben. Chicago hat die schönsten und höchsten Gebäude der USA, da kommen selbst New York und Miami nicht mit. Der gewaltige Sears Tower gehört zu den höchsten Gebäuden der Welt. Wie eine dunkle Nadel ragt er aus dem Loop – einem durch die Schienen der Hochbahn gebildeten Ring, der sich über beinahe vierzig Blocks erstreckt. Innerhalb des Schienenrings spielt sich das geschäftliche Leben der Stadt ab, pulsiert das Herz der ehrlichen Metropole. Die State Street gilt als größte Fußgängerzone der Welt, lockt mit Kaufhäusern, Boutiquen, Restaurants, Kinos und Theatern. Auf den Bürgersteigen überraschende Farbkleckse. Eine sechzehn Meter hohe Plastik vermachte Pablo Picasso den Bürgern von Chicago. »Flamingo«, die knallrote Riesenspinne des Alexander Calder, findet man vor dem Chicago Federal Center; »Universe«, ein gigantisches Mobile desselben Künstlers, in der Eingangshalle des Sears Tower. »The

Fours, Seasons« heißt ein zwanzig Meter langes Mosaik von Marc Chagall vor der First National Bank. Über der Kunstgalerie hört man das Rattern der El(evated) – der Hochbahn, wie man sie aus vielen Kriminalfilmen kennt. Chicago lebt, besonders abends, wenn die Menschen auf den Bürgersteigen und den Stahltreppen zur Hochbahnstation drängen.

Seinen Ruf als willkommene Spielwiese für experimentierfreudige Architekten erwarb sich Chicago bereits im Jahr 1871, nach der großen Brandkatastrophe, die fast die ganze Stadt in Schutt und Asche legte. Aus allen Teilen der Welt strömten avantgardistische Baumeister nach Chicago. William Le Baron Jenny zog bereits 1885 eine zehnstöckige Konstruktion aus Stahl und Steinen an der Ecke La Salle und Monroe hoch, der erste Wolkenkratzer, der leider dem Erneuerungswahn späterer Generationen zum Opfer fiel. Das Board of Trade – das Börsengebäude am West Jackson Boulevard – wurde in den späten zwanziger Jahren des 20. Jahrhunderts von Holabird & Root erbaut – ein perfektes Beispiel für den verspielten Jugendstil der damaligen Zeit. Das Continental Illinois Bank Building wurde zu einem riesigen Marmortempel mit griechischen Säulen, Kronleuchtern und Butzenfenstern, das Wrighley Building wurde nach der Kathedrale von Sevilla konzipiert. Frank Lloyd Wright begründete bereits um die Jahrhundertwende einen nüchternen Baustil, der in den vierziger Jahren von Ludwig Mies van der Rohe aufgegriffen wurde. Bestes Beispiel dafür sind seine aus Stahl und Glas erbauten Apartmenthäuser am Lake Short Drive. Ende der sechziger Jahre entstand das John Hancock Center – ein Riese aus dunklem Stahl, nur noch übertroffen vom gigantischen Sears Tower.

Von Löwen bewacht: Start zur Historic Route 66

Außerhalb des Loops atmet die Stadt durch, wirkt sie freier und großzügiger, besonders auf der prachtvollen Michigan Avenue. Das Museum of Science and Industry, nur einen Steinwurf von der Adams Street und dem Beginn der Route 66 entfernt, beherbergt ein unterirdisches Kohlebergwerk und das fünf Meter hohe Modell eines menschlichen Herzens. Das Art Center ist für seine Sammlungen moderner Kunst bekannt. Die beiden Löwen vor dem Eingang bewachen den Beginn der Route 66 an der Ecke Michigan Avenue und Jackson Street – heute eine Einbahnstraße; deshalb bleibt uns nichts anderes übrig, als die parallel verlaufende Adams Street zu nehmen. Braune Schilder mit der Aufschrift »Historic Route 66« markieren den Weg durch den belebten Loop und die weitverzweigten Außenbezirke. Die Route windet sich durch ein Gewirr von braunen Lagerhallen und verlassenen Güterbahnhöfen. »Schweinemetzger für die Welt«, schrieb Carl Sandburg in seinem berühmten Gedicht über Chicago, »Werkzeugmacher, Weizenstapler, Spieler mit Eisenbahnen und Frachtenverteiler der Nation, stürmisch, rüde, lärmerfüllt, Stadt der breiten Schultern.« In Cicero hallt das Echo der Schüsse nach, die Al Capone & Co. in dem eher tristen Vorort abgefeuert haben.

Jenseits des Interstate wartet Joliet, eine geschäftige Kleinstadt am Illinois and Michigan Canal; erst dann verliert sich die Route 66 zwischen weiten Kürbisfeldern und vereinzelten Farmen. Irgendwo am Straßenrand – der nächste Ort heißt Lockport – hält ein 57er Chevy seine chromblitzende Schnauze in den Wind, »Bel Air« steht in geschwungenen Lettern auf dem Kofferraum. »Es gab Leute, die haben mir vierzigtausend Dollar für den Wagen geboten, aber den gebe ich für kein Geld der Welt her!« sagt Tom Stowe, einer der vielen Autonarren, die sich von der historischen Straße auf magische Weise angezogen fühlen. Tom besitzt eine Werkstatt, kauft alte Straßenkreuzer auf und macht sie wieder fahrtüchtig. »Matt, das ist mein Sohn, richtet gerade einen 67er Camaro her, ein toller Wagen!« Im Hinterhof steht ein Buick Roadmaster: »Von dem wurden nur fünfhundert Stück gebaut!« Er streicht liebevoll über die wertvolle Karosserie.

In Wilmington weist uns der grüne »Gemini Giant« den Weg: So heißt der überlebensgroße Astronaut vor dem »Launching Pad Drive-In«. Früher stand er vor einer Tankstelle und hielt eine Benzinpumpe und keine Rakete in der Hand. Das hat Tom Stowe uns verraten. Der Astronaut ist der einzige Blickfang in dieser ländlichen Gegend, ein grüner Farbklecks im grauen Alltag der Farmer, die abseits der großen Metropolen ums Überleben kämpfen. Die Straße zerteilt einsame Felder, liegt unter einem verwaschenen Himmel, und vereinzelte Regentropfen fallen aus den Wolken. Ein hoffnungsvolles Land für die vielen Farmer, die sich immer auf den Regen verlassen konnten und heute davon träumen, über den Interstate nach Arizona oder New Mexico zu fliehen; eine trostlose Gegend für die zahlreichen Einwanderer, die um die Jahrhundertwende in den Kohlebergwerken am Kankakee River arbeiteten. Ein Atomkraftwerk ragt

wie ein Fremdkörper aus den Feldern, wie eine Ruine auf einem fremden Planeten.

Carmen Rodino dachte nicht daran, in einem Kohlebergwerk zu schuften, als er im Jahr 1907 das heimatliche Sizilien verließ und sich an der Route 66 niederließ. Er arbeitete für die Eisenbahn in Dwight, bis er sich eine ernsthafte Grippe einfing und nach Pontiac zog, weil er sich alle paar Tage im Krankenhaus untersuchen lassen mußte. Er baute Tomaten und Zwiebeln in seinem Garten an und verkaufte sie von einem Handkarren. Anfang der zwanziger Jahre stieg er auf einen kleinen Lastwagen um. An einer belebten Kreuzung, die später in Rodino Square umgetauft wurde, errichtete der geschäftstüchtige Italiener einen Gemüseladen. Später kamen ein Hotel, ein Restaurant und eine Werkstatt dazu. Er starb 1968; sein Gemüsegarten verschwand erst, als das Gebäude am Rodino Square abgerissen wurde. Das war im Jahr 1989.

Die Geschichte des erfolgreichen Einwanderers ist im kleinen Museum des Dixie Truckers Home dokumentiert. Vergilbte Zeitungsausschnitte hängen neben alten Fotografien und verrosteten Straßenschildern aus der Blütezeit der Route 66. Wenige Meilen von dem Truckstop entfernt ist die Geschichte noch lebendig, weisen ein verlassener Bahnhof, ein Ramschladen und eine alte Zapfsäule den Weg nach Funk's Grove. Dort leben die Nachfahren einer deutschen Familie, die vor hundertvierzig Jahren nach Amerika auswanderte und Rinder sowie Schweine in Chicago verkaufte. Nach dem Bürgerkrieg bestellten sie das Land, auf dem einer der Funks begraben lag. Schon damals zapften sie zuckersüßen Ahornsirup aus den Bäumen. »Als ich anfing«, berichtet Steve Funk, der das einträgliche Geschäft in der sechsten Generation betreibt, »hingen gerade mal fünfhundert Eimer an den Bäumen, später waren es fünftausend! Heute schicken wir unseren Sirup sogar nach Übersee! Aber wir haben immer noch Kunden aus Chicago und St. Louis, und wir verkaufen den Sirup immer noch auf unserer Farm in Funk's Grove.«

Das winzige Dorf liegt keine hundert Meter von der historischen Route 66 entfernt, die parallel zum Interstate 55 verläuft. »Wir haben sogar Schilder an der Schnellstraße aufgestellt«, berichtet Steve Funk, »aber dieser neue Highway ist anders. Es ist viel schwieriger, die Leute von dieser Straße wegzulocken. Mir ist der Interstate viel zu langweilig! Mag ja sein, daß er sicherer ist, aber ich fahre lieber über die Route 66, das macht immer noch Spaß, und denke über die alten Zeiten nach, als sich auf dieser Straße noch das Leben abspielte. Damals fuhr die ganze Welt über den Highway, und die Leute hatten es nicht so eilig.«

Steve erinnert sich an einen verunglückten Soldaten, den er kurzerhand in seinen Pickup lud und bis nach Chicago fuhr, und an einen gestrandeten Studenten, der ohne einen Penny bei ihm auftauchte. »Ich brachte ihn zur Illinois University. – Aber diese Zeiten sind vorbei, dieser neue Highway ist nicht mehr dasselbe!«

Tom Stowe aus Lockport handelt mit historischen Straßenkreuzern, aber seinen 57er Chevy Bel Air würde er auch für viel Geld nicht hergeben.

Fast Food & Fun?

Südlich vom Dixie Truckers Home verändert sich das Land kaum. Die Route 66 wirkt beinahe trostlos in ihrer Einsamkeit, und das Rauschen des Verkehrs auf dem nahen Interstate klingt wie das Signal aus einer anderen Zeit. In Broadwell, so erfahren wir von einem Farmer, stand das legendäre »Pig Hip Restaurant« – eine Institution an der Route 66. Im Jahr 1936 servierte Ernie Edwards, ein ehemaliger Eisverkäufer, sein erstes Pig-Hip Sandwich – ein üppig belegtes Schinkensandwich mit einer schmackhaften Soße, deren Rezept er bis heute nicht verraten hat, nicht mal seinen Kindern. Mit einer Restaurantkette und dem Slogan »They Made Their Way by the Way They're Made« wollte er White Castle Hamburgers – die erste Fast-Food-Kette aus Wichita, Kansas – und die McDonald's-Brüder in Kalifornien aus dem Geschäft drängen, aber der Schinken mußte superfrisch sein, durfte nicht haltbar gemacht werden, und der Aufwand wäre viel zu groß gewesen. Also beschränkte er sich nach einigen Jahren auf sein eigenes Restaurant in Broadwell, das erst im Jahr 1991 geschlossen wurde.

Etwas neidisch blickt er auf die großen Fast-Food-Ketten, die Anfang der vierziger Jahre noch in den Kinderschuhen steckten. »Meine Restaurants liefen nicht schlecht, aber mit White Castle oder Big Boy konnten wir nicht mithalten.« Richard und Maurice McDonald, die mit einem Orangensaftausschank angefangen hatten, revolutionierten das Fast-Food-Geschäft, als sie den Drive-In abschafften und auf Selbstbedienung setzten – damals eine risikovolle Entscheidung. Sheldon »Red« Chaney erfand dann das Nonplusultra, als er in Springfield, Missouri, den ersten Drive-Thru einführte. »1947 wurden die ersten Pommes frites verkauft«, erinnert Ernie sich, »meine Mädels saßen in der Küche und schälten stundenlang Kartoffeln! Wir verbrauchten jeden Tag zweihundert Pfund!«

Schmunzelnd denkt Ernie an den Tag zurück, als Colonel Harland Sanders in seinem Pig-Hip-Restaurant auftauchte; der letzte Selfmade-Man der Fast-Food-Ketten. »Eines Nachmittags kreuzte er in unserem Lokal auf, er fuhr einen kleinen Plymouth, und er war allein. Er wollte mich als Pächter für eines seiner neuen Kentucky-Fried-Chicken-Restaurants gewinnen, und ich wollte ihn für meine Pig-Hips. Er sagte: ›Ich mach dir einen Vorschlag, mein Junge: Du besorgst ein Hühnchen, und ich hol' meine Kräutermischung, und dann zeig' ich dir, wie man Fried Chicken zubereitet!‹ Ich dachte, das sei fair, und besorgte das Hühnchen, und er briet es. Ich hatte keinen großen Hunger und machte nur zwei oder drei Bisse, und er schlang

den Rest in sich hinein. Als er fertig war, sagte er: ›Ich muß weiter! Ich bin mit einigen Freunden in Springfield verabredet!‹ Ich nickte, und er machte sich davon. Er muß schon vier oder fünf Meilen die Straße runter gewesen sein, als ich dachte: Dieser Mistkerl! So ist er an eine kostenlose Mahlzeit gekommen!« Viele Jahre später traf Ernie den Colonel auf einem Meeting der National Restaurant Association wieder. »Ich war damals verdammt hungrig!« gab Sanders zu.

Nicht mal der verlockende Duft von frischem Schinken liegt in der Luft, als wir durch Broadwell fahren. Das »Pig-Hip« ist von der Landkarte verschwunden. »Ich hab' versucht, das Restaurant zu verkaufen«, berichtet Ernie, »aber niemand wollte sich soviel Arbeit aufladen. Ich hab' zehn Kinder, und keines wollte weitermachen!« Das ist eigentlich schade, denken wir, als die leuchtenden Schilder von McDonald's und Kentucky Fried Chicken am Highway auftauchen. Auch Springfield war dem Angriff der Fast-Food-Ketten nicht gewachsen und lockt mit konfektionierten Hamburgern und Hühnerteilen. Etwas wehmütig denkt der Route-66-Fan an die glorreiche Zeit zurück, als es noch richtige Drive-Ins gab, als die Hamburger noch nach Hackfleisch schmeckten, und als noch keine McNuggets, Diet Cokes und anderer Schnickschnack serviert wurden.

»Gemini Giant«, der Astronaut vor dem »Launching Pad Drive-In«, hat gut lachen: Seitdem die Route 66 durch den Interstate abgelöst wurde, muß er keinen Benzingestank mehr einatmen (linke Seite). Die hübsche Ilana (oben) bedient im »66 Diner« von Albuquerque, auf der Speisekarte stehen Delikatessen aus den Fifties: superdicke Hamburger und kalorienreiche Milkshakes. Der Zahn der Zeit nagt an der alten Zapfsäule bei Funk's Grove, einem der sehenswerten Dörfer an der historischen Route 66.

Harleys & Trabis

Springfield wurde im Jahr 1837 zur Hauptstadt von Illinois gewählt. Im selben Jahr zog ein gewisser Abraham Lincoln in die beschauliche Kleinstadt: »Der Stadt und der Freundlichkeit ihrer Bewohner schulde ich viel«, sagte der Rechtsanwalt, als er 1861 zum Präsidenten gewählt wurde und ins Weiße Haus nach Washington, D.C., umzog. Sein einstiges Privathaus kann man heute noch besichtigen, und sein Grab auf dem Oak Ridge Cemetery gilt als Wallfahrtsstätte für jeden aufrechten Amerikaner. Nach dem Attentat wurden seine sterblichen Überreste nach Springfield überführt. »Es wäre sein Wunsch gewesen, in unserer Stadt begraben zu werden«, sind lokale Historiker überzeugt, »im Old Courthouse von Springfield begann er seine politische Karriere.«

Hubert Humphrey, ein weniger erfolgreicher, aber charismatischer Politiker, gehörte zu den Stammgästen des historischen Ariston Café, das zu den Highlights der Route 66 zwischen Chicago und St. Louis gehört. Auch

Jimmy Dorsey, der bekannte Big-Band-Leader, saß am Tresen des legendären Restaurants. Demi Adam (»Seit es Demi Moore gibt, kann jeder meinen Vornamen buchstabieren!«) berichtet, daß ihr Schwiegervater das Ariston gründete, »das war 1835. Seine Familie war um die Jahrhundertwende aus Griechenland gekommen. ›àriston‹ ist ein griechisches Wort und bedeutet ›überlegen‹.« Demi betont, daß die Tische und Stühle in ihrem Lokal aus dem Jahr 1954 stammen und »wahnsinnig schwer zu bekommen waren«. Sie blättert in einem Fotoalbum und erzählt von den begeisterten Route-66-Fans, die im Ariston absteigen. »Viele Biker kommen zu uns, auch Ärzte und Anwälte, die am Wochenende auf ihre Harleys steigen und die vornehmen Anzüge oder die weißen Kittel mit einer abgetragenen Motorradkluft vertauschen.« Schmunzelnd erinnert sie sich an die verrückten Trabi-Fahrer aus Germany, die wenige Jahre nach der Wende vor dem Lokal parkten.

Wir setzen uns an den Tresen und bestellen die Pork Chops, so wie Jimmy Dorsey vor vielen Jahren. Dazu gibt es Eistee, denn noch haben wir das Ende unserer Etappe nicht erreicht. Im dunstigen Abendlicht warten die Lichter von St. Louis, der ehemaligen Handelsmetropole am Ufer des Mississippi. Zwischen einsamen Farmen und alten Kohlesiedlungen verliert sich die Route 66 im Gewirr der Interstates, die auf langen Brücken über den »Muddy River« führen und in der Dunkelheit verschwinden. »Meet me in Saint Louie«, hat Judy Garland anläßlich der Weltausstellung im Jahr 1904 gesungen, und wir sind fest entschlossen, ihrer Aufforderung nachzukommen, auch wenn wir viel zu spät dran sind. Wir folgen dem Interstate in die Stadt, zum Ufer des großen Flusses.

McDonald's, Burger King & Co.

Amerika ißt schneller. Was mit den legendären Drive-Ins an der Route 66 begann, hat sich inzwischen zu einer gigantischen Industrie gemausert. Fast Food ist angesagt. Weil die Amerikaner mobil sind und immer noch das Paradies auf der Straße suchen: immer noch rastlos, immer unterwegs; der Highway als Traumstraße. Da bleibt wenig Zeit zum Essen. Das erkannten Dick und Mac McDonald, die beiden Pioniere der Fast-Food-Industrie, schon 1948. Sie machten aus ihrem Barbecue Drive-In in San Bernardino ein modernes Selbstbedienungsrestaurant, den ersten McDonald's. Die Idee, die Autofahrer in ein Fast-Food-Lokal zu locken, galt damals als revolutionär. 1954 kaufte Ray Kroc die Franchising Rights und gründete die McDonald's Corporation, die mit über 18 000 Restaurants in 91 Ländern einsamer Marktführer ist. Der Big Mac wurde zum Symbol einer neuen Freßwelle, die »Golden Arches« von McDonald's verdrängten die Drive-ins und Drugstores. Die Vorteile des Fast Food: Die Schilder der Restaurants sind nicht zu übersehen, locken neben den Interstates und allen großen Highways. Man wird schnell und freundlich bedient, die Qualität ist in allen Lokalen einer Kette gleich, die Restaurants sind sauber, und das Essen ist sehr preiswert. Der große Nachteil: Kalorien!!! Ein Cheeseburger hat über 300 Kalorien, von einem Big Mac oder Whopper ganz zu schweigen. Und man hat schon nach ein paar Minuten großen Hunger auf den nächsten! Aber zum Amerika-Urlaub gehört Fast Food dazu – weil Urlauber immer unterwegs sind und zumindest tagsüber wenig Zeit zum Essen haben.

Von St. Louis nach Tulsa

Das Herz und die Seele der Route 66

Der Gateway Arch ragt wie ein stählerner Regenbogen empor, spiegelt sich in der Sonne, die schüchtern zwischen den Wolken hervorkommt: Ein kühnes Monument, über zweihundert Meter hoch, von weithin sichtbar vor der imposanten Skyline von St. Louis. Er ist das Tor zum Westen, das höchste Denkmal der USA, wolkenhoch über dem Ufer des Mississippi, der braun und träge nach Süden fließt. Sein Schatten fällt über die Reste der Altstadt, die zum Ausgangspunkt für Pelzhändler und Pioniere auf ihrem Weg nach Westen wurde (hier begannen die Trails nach dem Westen). Ein Kabinenaufzug mit kleinen Gondeln, in die jeweils fünf Personen passen, windet sich im Inneren des silbernen Bogens empor und entläßt uns auf die Aussichtsplattform. Durch schmale Fensterschlitze an der Spitze des Bauwerks blicken wir über die Stadt und bis weit nach Kansas hinein.

Michael Corns arbeitet seit acht Jahren für den National Park Service – ein rüstiger Ranger, der sich in der ungewohnten Höhe längst zu Hause fühlt. »Hier hab' ich den besten Überblick«, meint er lächelnd. Er deutet in den sonnigen Dunst, der über dem Straßengewirr der Stadt und dem weiten Farmland im Westen hängt. »Als ich jünger war, zog es mich auch in den Westen! Damals gab es noch keinen Interstate. Ich fuhr über die Route 66 und brauchte ewig, bis ich aus der Stadt raus war. Bis Kalifornien hab' ich es nie geschafft, da war es mir sowieso zu voll! Mir gefiel es in New Mexico am besten, in Santa Fe und Albuquerque. Und außerhalb der Städte gab es beeindruckende Landschaften! Soviel Sonne hab' ich in St. Louis nie gesehen! Hier regnet es meistens, aber ich bin gerne hier und erzähle von der Zeit, als St. Louis der Ausgangspunkt für die Reisen in den damals noch unbekannten Westen war.«

Spirit of St. Louis

St. Louis wurde im Jahr 1764 von Pierre Laclede Liguest und französischen Pelzhändlern gegründet. Dank der strategisch und handelspolitisch günstigen Lage wuchs es zu einer geschäftigen Stadt heran. Ihren französischen Charakter verlor die Stadt im Jahr 1803, als Thomas Jefferson das riesige Louisiana Territory von Napoleon kaufte und den Vereinigten Staaten von Amerika einverleibte: ein preisgünstiger Handel, der die Kriege der bankrotten französischen Regierung finanzieren sollte. Louisiana wurde amerikanisch, und St. Louis entwickelte sich zum neuen Ausgangspunkt der »Westward Expansion«, die einen ganzen Kontinent auf dem Weg nach Westen bezeichnete. Im Auftrag des Präsidenten zogen Meriwether Lewis und William Clark mit ihrem »Corps of Discovery« nach Westen und ebneten den Weg für Pelzhändler wie Pioniere, die jenseits des Mississippis nach einer neuen Heimat suchten.

Die Könige des Pelzhandels regierten in St. Louis und lenkten die Expeditionen der Mountain Men, die in den Wäldern der Rocky Mountains nach Bibern und anderen Pelztieren jagten und ihre wertvolle Beute auf »Rendezvous« in der Wildnis verkauften. Die Stadt verlor ihren beschaulichen Charakter, und zu den Franzosen gesellten sich Amerikaner sowie europäische

Einwanderer, vor allem Deutsche, die mächtige Brauereien wie die Anheuser-Busch Brewery gründeten. Selbst ein Großfeuer konnte das Wachstum der Metropole nicht bremsen. Vor dem Bürgerkrieg (1861–1865) wurde die Stadt zum Eisenbahnknotenpunkt, während des Goldenen Zeitalters der Dampfschiffahrt legten riesige Schaufelraddampfer im Hafen an und luden Baumwolle sowie andere Handelsgüter. Nach dem Bürgerkrieg verlagerte sich der Handel auf die Schiene, und die Eisenbahn brachte neue Geschäfte nach St. Louis. Selbst die Weltkriege hemmten den Aufschwung nicht. Charles Lindbergh betrieb weltweite Werbung für die Stadt am Mississippi, als er mit der »Spirit of St. Louis« über den Atlantik flog.

Das Jefferson National Expansion Memorial, der eindrucksvolle Nationalpark am Ufer des Mississippi, erinnert an die bewegte Zeit des Aufbruchs. Sein gigantisches Wahrzeichen, der silberne Gateway Arch, wurde von dem finnischen Architekten Eero Saarinen entworfen. Anfang der sechziger Jahre beauftragte man zwei Stahlbaufirmen mit dem Bau des einzigartigen Wahrzeichens: die McDonald Construction Company und die Pittsburgh-Des Moines-Steel-Company. Riesige Kräne hievten die fertiggestellten Stahlbauteile nach oben. Sie wurden von schwindelfreien Arbeitern in luftiger Höhe verschraubt und spiegelten sich wie zwei gigantische Nadeln im Fluß. Staunende Bürger umringten das Bauwerk, und einige Skeptiker wetteten darauf, daß man aneinander vorbeibauen würde – aber am 28. Oktober 1965 trafen sich die beiden dreikantigen Säulen mit erstaunlicher Präzision.

Unterhalb des Bogens, im Tiefgeschoß des Memorial, erinnert das »Museum of Westward Expansion« an Lewis & Clark und die Wanderung nach Westen. Planwagen, Postkutschen und andere Relikte aus dem amerikanischen Westen berichten von

Naturgewalten: Im »Museum of Westward Expansion« wird an die wilde Zeit des amerikanischen Westens erinnert.

der wilden Zeit, als entschlossene Siedler gegen aufgebrachte Indianer und übermächtige Naturgewalten kämpften, um das Paradies auf der anderen Seite der Rocky Mountains zu erreichen. Das Old Courthouse, ein gewaltiger Kuppelbau im Greek-Revival-Stil, ist mit Originalgemälden des Indianermalers Charles Wimar geschmückt, der in Siegburg bei Bonn geboren wurde und zu den vielen Deutschen gehörte, die in St. Louis ansässig wurden. 1847 wurde das Old Courthouse zum Schauplatz eines aufsehenerregenden Prozesses, als der Sklave Dred Scott versuchte, seine Freiheit auf gerichtlichem Wege durchzusetzen. Der Versuch scheiterte, und das Urteil wurde zu einem Auslöser für den späteren Bürgerkrieg. Unter dem mächtigen Gateway Arch wirkt das Old Courthouse, zur goldenen Zeit der Dampfschiffe das höchste Gebäude der Stadt, wie ein Spielzeughaus.

Wir folgen dem Rat von Ranger Michael Corns: »Wenn ihr aus der Stadt fahrt, müßt ihr unbedingt bei Ted Drewes vorbeischauen!« Seit den dreißiger Jahren zählt »Ted Drewes' Frozen Custard« zu den beliebtesten Adressen an der alten Route 66 – eine Eisdiele, in der gelbgekleidete Teenager in hektischer Arbeit kalte Köstlichkeiten abfüllen. »Custard« ist ein Milchshake, der mit Honig und Eiern angereichert wurde, erklärt Nancy Sensmeyer, eine Managerin des legendären Betriebes, und der extradicke »Concrete« ist ein Milchshake, so dick, daß man ihn auf den Kopf stellen kann! »Eine Kalorienbombe«, erklärt Nancy schmunzelnd und mixt uns einen »Dutchman's Delight« aus Schokolade, Butterkaramel und Pecannüssen, mit einer roten Kirsche obendrauf. »Vanille ist der Spitzenreiter bei den Eissorten«, sagt sie lächelnd.

»Ted Drewes' Frozen Custard« gibt es seit dem Jahr 1929. Ted Drewes: »Ich hab das Geschäft von meinem Vater gelernt. Der war schon in den dreißiger Jahren eine Institution an der Route 66.« Zusammen mit seiner Frau Dottie führte er das Geschäft fort, und auch seine Kinder kamen von der Eiscreme nicht los. »Du mußt von einer Sache begeistert sein, sonst

braucht du sie gar nicht anzufangen! Ich liebe Eiscreme! Ich denke dauernd daran! Ist das was Böses? Manche Leute sagen, es sei verkehrt, die Arbeit mit nach Hause zu nehmen. Bullshit, sage ich! Daran geht dieses Land doch zugrunde, die Leute nehmen ihre Arbeit nicht mehr nach Hause! Sie machen es sich bequem. Die Begeisterung ist der Schlüssel, die Leidenschaft! Sonst taugt deine Arbeit nichts!«

Meramec Caves: Die größte Show unter der Erde

Über die belebte Manchester Road geht es nach Südwesten: Die Route 66 verläuft parallel zum Interstate. Die Ozark Mountains kündigen sich mit grünen Wäldern und Wiesen an. Ungezählte Werbetafeln, aufdringlicher als die Neonschilder der Fast-Food-Restaurants, zwingen einen gerade dazu, bei Stanton abzubiegen und einen Abstecher zu den sagenhaften Meramec Caverns zu machen. Das war schon während der Blütezeit der Straße so, als die Tropfsteinhöhlen zu den größten Touristenattraktionen zwischen Chicago und Los Angeles gehörten. Lester B. Dill, ein cleverer Farmer, vermarktete die Höhlen als »größte Show unter der Erde« und rühmte sich: »Ich habe mehr Menschen unter die Erde gebracht und lebendig wieder auftauchen lassen als sonst wer.« Der Mythos aus Legenden, der um seine Höhlen entstanden ist, lockt die Touristen sogar vom nahen Interstate.

Seine ersten Besucher führte Les als kleiner Junge durch die Höhlen. Mit einer Kerosinlaterne und Kerzen bewaffnet, entwickelte er in den dreißiger Jahren die Salt Petre Cave zur Touristenattraktion. Mit Werbetafeln, Plakaten und den ersten Bumper Stickers der Nation machte er auf die Meramec Caves aufmerksam. »Jesse James Hideout« stand unter dem Schriftzug, nachdem Les zwei verrostete Revolver und eine leere Geldkiste in der Höhle gefunden hatte. Werbewirksam nahm er an, daß sie dem berüchtigten Jesse James und seiner Bande gehört hatten. Einen noch größeren Coup landete Rudy Turilli, einer seiner Schwiegersöhne – ein Italiener aus New York, der als Manager der Höhlen für die Publicity verantwortlich war: Im Jahr 1949 traf er einen gewissen J. Frank Dalton – einen hundertjährigen Greis, der behauptete, der legendäre Jesse James zu sein. Diese ungeheure Behauptung löste ein riesiges Presseecho aus! Dabei wußte doch jedes Kind in Amerika, daß Jesse James am 3. April 1882 von Bob Ford erschossen worden war. Aber: Der Erschossene sei ein gewisser Charles Bigelow gewesen, behauptete der alte Mann – der immer noch mit einem Colt unter der Bettdecke schlief, weil

Branson: Ein neues Nashville in den Ozarks

In Branson spielt die Musik: Nur eine knappe Autostunde von Springfield, Missouri, liegt das neue Nashville in den malerischen Ozark Mountains. Ungefähr vierzig Country-Music-Theater gibt es in Branson. Aufgereiht wie an einer Perlenschnur ziehen sie sich am Highway 76 entlang, dem »Strip« der kleinen Stadt. Überall Rummel, überall Trubel, bunte Neonlichter, grelle Reklameschilder und ein Verkehr wie auf dem Broadway in New York. Geboten werden Konzerte mit aktuellen (und ehemaligen) Superstars sowie unterhaltsame Family- und Comedy-Shows.

Shoji Tabuchi, ein japanischer Fiddler, gehört zu den bekanntesten Künstlern von Branson. Er ist im Hillbilly Country zum mehrfachen Millionär geworden. In einem Palast, der besser nach Las Vegas passen würde, präsentiert er zweimal täglich seine Show: eine Mischung aus Country, Las-Vegas-Revue und aufwendigem Musical.

Im Grand Palace, einer 13 Millionen US-Dollar teuren Konzertarena, treten verdiente Stars wie Emmylou Harris und Kenny Rogers auf. Ray Stevens bietet Country Comedy vom Feinsten, und Mickey Gilley sowie Moe Bandy beschwören die Country Music der siebziger Jahre. Sogar der deutsche Country-Star Tom Astor trat schon in Branson auf: »Ein einmaliges Erlebnis!«

er befürchtete, von den Behörden zur Verantwortung gezogen zu werden. Turilli überredete den angeblichen Jesse James, in eine Hütte nahe der Meramec Caves zu ziehen: Ein Publicity-Gag, der sich auszahlte. Aus allen Teilen des Landes reisten Reporter an, um den greisen Outlaw zu interviewen, und die Meramec Caves waren auf jedem Foto im Hintergrund zu sehen. J. Frank Dalton alias Jesse James behauptete, seine eigene Ermordung mit Bob Ford abgesprochen und inszeniert zu haben, um die Behörden irrezuführen: »Nach der Ermordung von Charlie Bigelow machte ich mich heimlich aus dem Staub«, berichtete er mit einem schadenfrohen Grinsen. »Ich nahm den Zug von Kansas City nach New Orleans und schiffte mich auf einem Dampfer nach Argentinien ein. Dort lebte ich einige Jahre, dann ging ich nach Brasilien. Als mein Heimweh zu groß wurde, kehrte ich nach Texas zurück, arbeitete dort als Viehhändler und Vertreter. Ich unterrichtete sogar in Schulen, erzählte den Kindern vom Wilden Westen. Nur die Wahrheit über Jesse James verschwieg ich.«

Der greise Mann starb im Jahr 1951, drei Tage vor seinem 104. Geburtstag, und es wurde bis heute nicht geklärt, ob seine Story der Wahrheit entsprach.

Ohne diese Legenden wären die Tropfsteinhöhlen kaum einen Besuch wert: Dazu ist die Präsentation der farbenprächtigen Räume zu kitschig und melodramatisch. Aber die Anziehungskraft der unterirdischen Gewölbe ist ungebrochen – in den ausgeleuchteten Räumen werden sogar Hochzeiten und Taufen veranstaltet. Gary und Tina Patterson profitieren davon. Der bekannte Holzschnitzer, der sein Rohmaterial mit einer Kettensäge bearbeitet und viermal zum »National Chainsaw Carving Champion« gewählt wurde, arbeitete dreiundzwanzig Jahre lang für die Eisenbahn und lebt heute vom Verkauf seiner hölzernen Skulpturen. »Die Bären gehen am besten«, berichtet er stolz, »aber auch die Adler und die Totempfähle sind sehr beliebt.« Knappe vier Stunden braucht er für einen Bär aus Fichten- oder Zedernholz. »Schaut euch die Moschee in Springfield an«, ruft er uns zum Abschied zu, und wir folgen seinem Rat.

Springfield: Die Queen City of the Ozarks

Der Weg führt uns durch eine ländliche Idylle. Verträumte Dörfer und romantische Weinberge säumen die historische Straße nach Südwesten. Ein alter Mann auf einem Schaukelstuhl kaut auf seiner Pfeife, eine Frau hängt Wäsche auf, einige Kinder spielen mit einem Autoreifen. In Cuba wartete das »Midway« auf die Reisenden – ein Restaurant mit angeschlossener Werkstatt, wie es damals typisch für viele Geschäfte an der Route 66 war. Allyne Earls führte das Restaurant. Während des Zweiten Weltkrieges vermietete sie die Zimmer im ersten Stock an Soldaten aus dem nahen Fort Leonard Wood und an ihre Ehefrauen. Das Lokal hatte rund um die Uhr geöffnet – ein T-Bone-Steak mit Bratkartoffeln und Gemüse kostete einen Dollar zwanzig, ein Hamburger war schon für zwölf Cents zu haben. Das Midway schloß in den siebziger Jahren.

Die Moschee in Springfield ist ein bunter Fremdkörper und nicht gerade typisch für die sehr amerikanische Stadt, die schon früh zum Ausgangspunkt für Ausflugsfahrten in die malerischen Ozark Mountains wurde. Branson war damals noch ein verträumtes Dorf. Es gab keine Wasserparks und kein Silver Dollar City, und auf dem Lake Taneycomo tummelten sich nur vereinzelte Angler. Seit einigen Jahren ist der kleine Ort als »Las Vegas der Ozarks« bekannt, mit einem Strip, auf dem sich jeden Abend die Busse und Autos stauen, wenn meist ältere Country-Fans in den über vierzig Country Music und Family Theaters von der guten alten Zeit träumen, da die Country Music noch als bodenständige Hausmusik in den Familien gespielt wurde. Zur Nationalhymne wird aufgestanden, als Finale erklingen »Will the Circle Be Unbroken« und andere Gospelsongs. Doch hinter den Kulissen der fröhlichen Familienshows funktioniert eine umsatzorientierte Entertainment Industry, die in dem Touristenzentrum einen neuen Markt gefunden hat, vor allem für Senioren.

Abseits der Touristenregion präsentieren sich die Ozarks noch unverfälscht und locken mit einer heilen Welt, die oft mit den Blue Ridge Mountains von South Carolina verglichen wird. Hügeliges Land, lichte Wälder, abgelegene Dörfer und ein eigenwilliger Menschenschlag, der sich in der Abgeschiedenheit einer romantischen Landschaft seinen eigenständigen Charakter bewahrt hat: Hillbillies, die in der eben doch nur scheinbar heilen Welt einer längst vergangenen Zeit verharren und nichts mit dem schnellebigen Amerika der Jahrtausendwende zu tun haben wollen; mürrische Hinterwäldler, die noch immer zu den alten Liedern tanzen und ihren »Moonshine« brauen. Erst dann tauen sie auf, wenn man sich die Zeit nimmt, auf ihre etwas andere Lebensart einzugehen.

In Branson wurde dieser Lebensstil kommerzialisiert, und selbst in Springfield spürt man etwas von der Aufbruchstimmung, die alle Bewohner der Ozarks erfaßt: Eine Region, die zu den ärmsten Gegenden der USA gehört, schnuppert das große Geld – so wie vor einigen Jahrzehnten, als die Route 66 die alltagsmüden Städter aus dem Norden durch die Ozark Mountains schleuste.

Weiter westlich scheint das Land verlassen, hört man von rechtsradikalen Geheimbünden, die sich auf abgelegenen Farmen versteckt halten sollen. Aber das sind winzige Minderheiten, werden wir getröstet – »wir haben noch nie einen gesehen, und beim Wandern oder Fischen sind wir immer allein geblieben«.

In Carthage, der Hauptstadt des malerischen Jasper County, erzählt man statt dessen lieber von Belle Starr und Anne Baxter – den Banditenköniginnen

Die betenden Hände erheben sich auf einem Hügel in Webb City und mahnen den Frieden in aller Welt. In ihrem Schatten fährt noch immer die elektrische Straßenbahn, die bereits 1893, zur Zeit des wirtschaftlichen Aufschwungs, durch die kleine Stadt zuckelte. Von der einstigen Hektik ist kaum noch was geblieben.

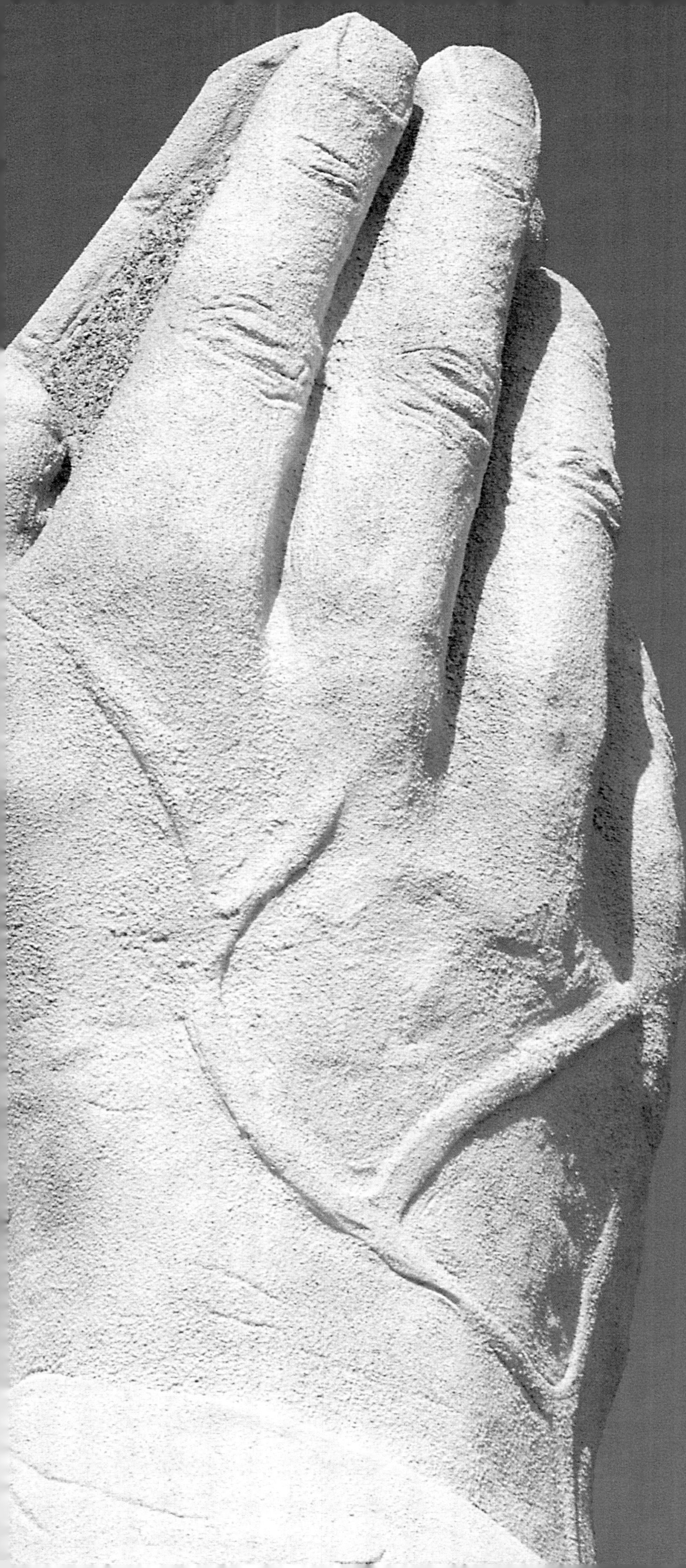

aus dem Wilden Westen, die in der kleinen Stadt ihr Unwesen trieben. Um die Jahrhundertwende, als man Blei und Zink in der Gegend fand, wurden einige Bürger zu Millionären. Von gewaltigen Bleifunden profitierte auch das benachbarte Webb City, das nach John C. Webb benannt wurde – einem Farmer, der im Jahr 1875 beim Pflügen auf die Bleivorkommen stieß. Über siebenhundert Mining Companies wetteiferten um die Bergung der wertvollen Funde, das Geschäft boomte, und 1893 fuhr sogar eine elektrische Straßenbahn durch die Stadt. Auf einem Hügel falten sich die »Betenden Hände« für den Frieden auf der Welt.

In Joplin macht die »Mainstreet of America« ihrem Beinamen alle Ehre, die Straße wird zu einem Schilderwald mit ungezählten Fast-Food-Restaurants, Gebrauchtwagenläden und Tankstellen – ein buntes Gewirr, das in seiner einmaligen Häßlichkeit schon wieder originell wirkt. Während der Depression, als Kansas unter einer dicken Staubschicht erstickte, bot Joplin die letzte Gelegenheit, sich zu säubern und zu erfrischen, denn hinter der Stadt begann die lange Fahrt durch Kansas und Oklahoma – die »Dust Bowl« im Amerika der dreißiger Jahre.

Uns bleibt dieser Abschnitt der Route 66 angenehm in Erinnerung: Auf den knapp dreizehn Meilen der historischen Straße durch Kansas fühlen wir uns in die Vergangenheit zurückversetzt, kommt uns nur selten ein Auto entgegen, und die verlassenen Dörfer erinnern an Geisterstädte aus Westernfilmen. Frischer Wind fegt über den brüchigen Asphalt, der schon 1929 die kurvenreiche Straße bedeckte – zu einer Zeit, als lediglich vierundsechzig Meilen der Route 66 zwischen New Mexico und Kalifornien asphaltiert waren. Das schrille Pfeifen einer Diesellok, die einen Güterzug über die endlosen Schienen zieht, ist das einzige Geräusch in der geheimnisvoll anmutenden Stille.

Eine große »66« ist hinter Galena auf den Asphalt gestempelt – dort, wo in den dreißiger Jahren das Blut streikender Minenarbeiter vergossen wurde. John L. Lewis, der mächtige Chef der United Mine Workers, hatte zum Streik aufgerufen, wütende Bergleute warfen Steine auf Streikbrecher und Autofahrer, die ihren Weisungen nicht nachkommen wollten. Der Gouverneur verhängte das Kriegsrecht und ließ die Nationalgarde mit Maschinengewehren und aufgepflanzten Bayonetten ausrücken. Am 11. April 1937 wurden neun Männer erschossen. Kein Denkmal erinnert an den blutigen Arbeitskampf, das einstige Minencamp hat sich in eine ruhige Kleinstadt verwandelt. Baxter Springs, ein paar Meilen weiter, wurde nach einem Revolvermann benannt, der zwei Colts an den Hüften trug und 1859 in einem blutigen Gunfight starb. 1863 massakrierten William Quantrill und seine gefürchteten Raiders eine Abteilung der Nordstaatler außerhalb der Stadt. Auch Jesse James trug sich in das Geschichtsbuch von Baxter Springs ein – der berüchtigte Outlaw spazierte mit dreitausend Dollar aus der Bank.

In Oklahoma wird die Route 66 zur »Free Road« – der schnellere (und langweiligere) Will Rogers Turnpike kostet Gebühren, und nicht nur Oldtimer weichen auf die freie Straße aus. Das Land öffnet sich, der Horizont verschmilzt mit dem Himmel, und der Westen rückt immer näher. »Welcome to Native America« steht auf den Willkommensschildern des Staates – eine Reverenz an die Indianer, die in Oklahoma eine neue Heimat gefunden haben. Im 19. Jahrhundert ging man weniger zimperlich mit den Ureinwohnern des Landes um: Weil man neuen Siedlungsraum im Südosten und We-

sten des Landes brauchte, erklärte man das scheinbar wertlose Land zum »Indian Territory« – von den reichen Ölvorkommen hatte man damals keine Ahnung – und deportierte ganze Stämme in das staubige Land.

Zu einem besonders unrühmlichen Kapitel in der amerikanischen Geschichte wurde die zwangsweise Umsiedlung der »Fünf Zivilisierten Stämme« (Cherokee, Choctaw, Chickasaw, Creek, Seminole), die im Jahr 1838 über den »Trail of Tears« nach Oklahoma geschickt wurden. Ein Viertel der knapp 18000 Indianer starb auf dem grausamen Marsch.

Entlang der Route 66 sind die Indianer zur Touristenattraktion verkommen, mit bunten Federhauben werben Trading Posts und Curio Shops mit Halsketten aus Plastikklauen und Tomahawks aus Kunststoff. Der größte Totempfahl der Welt, ein dreißig Meter hohes »Kunstwerk«, steht in Foyil, einem verschlafenen Dorf abseits der Straße. Nathan Edward Galloway zog im Jahr 1937 nach Oklahoma und arbeitete ein Vierteljahrhundert an seinem Totem Pole Park. Das kuriose Denkmal für die Indianer wurde liebevoll restauriert und leuchtet bunt unter der heißen Mittagssonne. Ähnlich seltsam mutet der blaue Wal an, der schmunzelnd in einer stillen Lagune dümpelt und einen längst abgerissenen Reptilienpark überlebte.

In Oklahoma ist die Route 66 zu Hause; dort folgt sie den jahrhundertealten Trails mit einer Selbstverständlichkeit, als hätte es sie schon immer gegeben. Auf den weiten Ebenen schlägt das Herz der Straße. Hier wurde die Route 66 zur »Main Street of America«, entwickelte sich eine eigene Kultur mit leuchtenden Motelschildern und geschäftigen Drive-Ins sowie den legendären Burma Shave Sign – den Schildern einer Rasierschaumfirma, die im Vorbeifahren gelesen einen Werbeslogan oder Warnungen und gute Ratschläge bildeten. TO GET – AWAY FROM – HAIRY APES – LADIES JUMP – FROM FIRE ESCAPES – BURMA SHAVE (Um von haarigen Affen zu flüchten, springen Ladies von der Feuertreppe).

Claremore lebt von Will Rogers – dem legendären Cowboystar, der in den zwanziger und frühen dreißiger Jahren in zahlreichen Westernfilmen mitspielte und auch in Wildwest-Shows und Varieté-Theatern auftrat, bevor er 1935 bei einem Flugzeugabsturz in Point Barrow, Alaska, ums Leben kam. Der fröhliche Junge von Nebenan war ein großer Fan der Route 66 und freute sich riesig, als die Straße im östlichen Oklahoma asphaltiert wurde. Im Jahr 1952 wurde die Straße sogar nach ihm benannt, und die Plakette am Ende der Route 66 in Santa Monica spricht noch heute vom »Will Rogers Memorial Highway«. Will Rogers Junior erzählt: »Ich lebe jetzt in Arizona, aber ich erinnere mich an viele Fahrten über den Highway und die Erinnerungstafel in Santa Monica, doch für mich war Oklahoma immer das Herz und die Seele des Route 66 Country.«

Oklahoma, das einstige »Indian Territory«, war die letzte Zufluchtstätte der Indianer. Zahlreiche Stämme wurden aus ihrer ursprünglichen Heimat vertrieben und in Reservate gepfercht. Entlang der Route 66 wurden die Indianer zur Touristenattraktion.

Von Tulsa nach Amarillo

Chevys, Cowboys & Cowgirls

Im Jahr 1929 fuhr Bill Weiszbrod zum ersten Mal über die Route 66. Er war damals erst vier Jahre alt, kann sich aber noch gut daran erinnern: »Wir fuhren in einem Model A – eine unbequeme Kiste, die mit fünfzig Sachen über die staubige Straße holperte. Asphaltiert wurde der Highway 66, wie wir ihn damals nannten, erst später. Ich saß auf dem Rücksitz und hatte eine Menge Spaß! Wir fuhren bis nach Kalifornien, und meine Mutter hielt mich in den Pazifik. Das Wasser war verdammt kalt, soviel weiß ich noch. Ich bin über fünfzig Jahre mit meiner Frau verheiratet, und wir wohnen jetzt in Texas, aber ich verreise immer noch für mein Leben gern; wir sind jeden Sommer mit dem Wohnmobil unterwegs: auf dem alten Highway natürlich, da sieht man mehr, und das Leben ist nicht so hektisch wie auf dem Interstate. Nach Oklahoma kommen wir jedes Jahr. Einer unserer Söhne lebt in Chandler, und hier ist Amerika sich treu geblieben, sogar in den Städten!« Woody Guthrie besang die Einsamkeit der Straße: »The dusty old dust is a-getting my home, and I've got to be drifting along.« Während der Depression und der langen Trockenheit, die Oklahoma und Kansas in eine Dust Bowl verwandelte, wurde die Route 66 zur »Glory Road«. Der Weizenpreis fiel in den Keller (von 1,16 Dollar auf 33 Cents), und die enttäuschten Okies flohen über die Route 66 nach Westen. John Steinbeck setzte ihnen mit »Früchte des Zorns« ein Denkmal – ein alter Mann hält die Farmer, die in Oklahoma blieben und durchhielten, für die eigentlichen Helden. Sie schufen den Mythos, der die Route 66 noch heute umgibt. Hier wurde die Phillips Petroleum Company gegründet, die das Straßenwappen und die »66« noch heute in ihrem Logo führt.

Nach dem Land Rush

Im Westen des Staates öffnet sich der Himmel, beginnen die endlosen Ebenen, die für viele Menschen neue Hoffnung bedeuteten. 1889 gab es noch keine Straßen. Damals wurde die offene Prärie zur Piste, als ein Teil des ehemaligen Indianerterritoriums für weiße Siedler freigegeben wurde. Mit dem Startschuß, der am 22. April pünktlich um zwölf Uhr erklang, ergoß sich ein Heer von Planwagen und Kutschen über das jungfräulich wirkende Land, wetteiferten über 50000 landhungrige Siedler um das beste Land. Vier Jahre später, beim »Land Rush« auf das »Cherokee Outlet«, waren es sogar 100000. Für eine Startgebühr von fünfzehn Dollar durfte man einen Claim von 160 Acres abstecken. Sogar auf Rennpferden und Fahrrädern versuchten Siedler, sich eine Parzelle des jungfräulichen Landes zu sichern. Die Gesetzesbrecher, die vor dem Startschuß über die Grenze schlichen, um das beste Land zu erwischen, wurden »Sooners« genannt und gaben Oklahoma einen zweiten Beinamen: »Sooner State«. Unbeachtet blieben die Proteste der Fünf Zivilisierten Stämme, die versucht hatten, in Washington einen Indianerstaat durchzusetzen. Er sollte »Sequo-yah« heißen, nach dem Propheten der Cherokee, der ein Alphabet für sein Volk erfunden hatte. Statt dessen wurden die Indianer in Reservationen gepfercht. Viele Weiße leben noch heute auf dem Land, das ihre Vorfahren beim »Land Rush« erobert hatten.

Der nächste Ansturm auf Oklahoma begann um die Jahrhundertwende, als Unmengen von Öl gefunden wurden. Aus dem verschlafenen Tulsey Town wurde das geschäftige Tulsa, die »Oil Capital of the World«, die noch hundert Jahre später von ihrem einstigen Reichtum profitiert. Thomas Gilcrease, ein wohlhabender Ölbaron, hinterließ der Stadt eine eindrucksvolle Sammlung mit Gemälden aus der Indianerzeit. Die Eleventh Street folgt der historischen Route 66 durch die Stadt und wird von fantasievollen Art-Deco-Gebäuden gesäumt – wie dem Warehouse Market, der nach der Depression in den Lido Club umgewandelt wurde, wo Musikgrößen wie Benny Goodman und Duke Ellington auftraten. Die Boston Avenue Methodist Church überragt die Häuser, und die Tankstelle des Route-66-Gründers Cyrus Avery ist längst verfallen. Auch die Motels und Drive-Ins aus der glorreichen Zeit wurden von neuen Gebäuden verdrängt. Der »Metro Diner«, mit runden Formen und bunten Neonlichtern den alten Drive-Ins nachempfunden, begrüßt die Reisenden auf ihrem Weg nach Westen.

Mother Road

Westlich von Tulsa empfängt uns die Provinz mit verfallenen Restaurants und Tankstellen, verliert sich die Straße zwischen weiten Ölfeldern. Wer seinen Urlaub auf der Route 66 verbringt, bekommt auch das häßliche Amerika zu sehen. Verfallene Telegraphenmasten zerteilen die Ebene, zwischen den Eisenbahnschienen wuchert Unkraut. Die Weite des Landes ist faszinierend, begleitet uns nach Chandler, einer kleinen Stadt, die knappe sechs Jahre nach ihrer Gründung von einem Tornado überrannt wurde: Das war im Jahr 1897. Die zwölf Gebäude, die den Wirbelsturm überstanden, stehen unter Denkmalschutz. »Bei uns läuft das Leben langsamer«, verrät Michael Grayson, der Besitzer von P. J.'s Bar-B-Que. In dem originellen Lokal werden die besten Spareribs von Oklahoma serviert. »Das Rezept stammt von meiner Mutter, sie hieß Peggy-Jo und war ihr ganzes Leben in Chandler. Sie hat mir das Lokal vererbt.«

Mike wuchs in Los Angeles auf und ist die historische Route 66 nie gefahren – »das muß ich unbedingt mal nachholen!« Den stilechten Straßenkreuzer für die Fahrt hat er schon: Vor einer Zapfsäule aus den Fünfzigern, die er auf einer alten Farm gefunden hat, steht ein 50er Chevy – »da hab ich

Das legendäre Model A von Ford gehörte zu den ersten Automobilen, die über die Route 66 nach Westen rollten. In den fünfziger Jahren prägten chromblitzende Straßenkreuzer das Erscheinungsbild. Hauptsache, man war unterwegs – so wie die ersten Siedler, die über den Oregon Trail ins Gelobte Land zogen.

Der »Metro Diner« in Tulsa, Oklahoma, gehört zu den schönsten Restaurants an der Route 66.

ein halbes Leben reingesteckt!« Mike handelt mit alten Straßenkreuzern, und er sammelt alles, was mit Coca-Cola zu tun hat: Sein Lokal ist vollgestopft mit alten Werbetafeln, Kalendern, Automaten und Flaschen.

Der legendäre Chevy mit den verchromten Heckflossen ist das einzige, was uns zum Glück fehlt. Unser Chevy heißt Chevette und unterscheidet sich von einem japanischen Mittelklassewagen nur dadurch, daß er häßlicher als jede Ente ist und schon bei leichtem Nieselregen gefährlich ins Schleudern kommt. Dafür frißt er nicht soviel Benzin – und überhaupt, was soll's: Wir brauchen ja nur zu träumen, dann haben wir unseren Chevy mit allem Drum und Dran. Die Musik ist sowieso okay: Wir haben eine Oldies-Station eingeschaltet; der DeeJay steht auf Elvis, Fats Domino und die Platters und macht noch richtige Musik. Klar, zwischendurch kommen auch mal die sechziger Jahre dran – aber Jefferson Airplane und Bob Dylan passen auch nicht schlecht, und wenn die Stones dann tatsächlich ihr »Get your kicks on Route 66« herausbrüllen, dann heben wir richtig ab und kommen uns vor wie Sam Shepard in einem Film von Wim Wenders.

Ein paar Meilen vor Oklahoma City wartet die runde Scheune von Arcadia, die in keinem Bilderbuch über die Route 66 fehlen darf. Sie wurde bereits 1898 gebaut, ein Jahr nach dem vernichtenden Tornado, und bekam ihre runde Form, weil man glaubte, daß sie so einem Wirbelsturm besser standhalten könnte. Im Obergeschoß wird jedes Wochenende zur Country & Western Music getanzt. Die Akustik ist beinahe so gut wie im Mormonentempel von Salt Lake City, behaupten die Einheimischen – das Fallen der berühmten Stecknadel kann man bis in die hinterste Ecke hören.

Western Heritage

In den Vororten von Oklahoma City verliert sich die Route 66. Der Lincoln Boulevard führt zum Kapitol des Staates, das von einer einsamen Indianerin und einem Bohrturm bewacht wird. Die Indianerskulptur erinnert an die indianische Vergangenheit des Landes, der Bohrturm ist immer noch aktiv und beschwört die fetten zwanziger Jahre, als man ein riesiges Ölfeld unter der Stadt entdeckte. Oklahoma City wurde zu einer Boomtown, und in der City schossen neue Wolkenkratzer empor. Ihre »Western Heritage« verleugnete sie dennoch nie: Dafür stehen Stockyards City, der ehemalige Viehverladebahnhof, und die National Cowboy Hall of Fame, das weltberühmte

Eine Indianerin bewacht das Kapitol: Oklahoma City beruft sich auf seine indianische Vergangenheit.

Museum für Cowboy-Kultur. Ausgerechnet ein Geschäftsmann aus Kansas hatte die Idee, der Pionierzeit des amerikanischen Westens ein solches Denkmal zu setzen: Chester A. Reynolds starb im Jahr 1958 – sieben Jahre bevor sein Traum realisiert wurde. In der »Rodeo Gallery« werden die Stars des Rodeo Circuit geehrt: tollkühne Cowboys und Cowgirls, die auf wilden Bullen und Pferden durch die Arena reiten. Ihre Trophäen und Sättel erinnern an sportliche Erfolge. Die »Hall of Great Western Performers« bleibt verdienstvollen Westernstars aus Hollywood vorbehalten, auf einer Videowand erlebt John Wayne noch einmal seine größten Abenteuer. Die »Hall of Great Westerners« ehrt Männer und Frauen aus dem Westen, die sich um die Pionierzeit verdient gemacht haben. Das Prunkstück der Hall sind zahlreiche Galerien mit berühmten Gemälden von Frederic Remington, Charles M. Russell und anderen Western-Malern. »End of the Trail«, die überlebensgroße Skulptur eines indianischen Kriegers, steht für den Untergang der Ureinwohner.

Ein eindrucksvolles Ehrenmal entsteht auch für die Opfer des Terroranschlags im April 1995, der 168 Menschen das Leben kostete. »Locus Bold Design«, ein Architektenteam aus Berlin, bekam den Zuschlag. »Der Entwurf sieht drei Zeittore vor«, berichtet die Berliner Morgenpost, »das erste trägt die Aufschrift ›9:01‹ und spiegelt die Sonne als Zeichen der Unschuld vor dem Anschlag. Das zweite heißt ›9:02‹, die Sekunde der Detonation, eine Wasserfläche stellt symbolhaft den Ort der Explosion dar. Das Tor führt zu einer gras- und baumbewachsenen Fläche, die den Grundriß des gesprengten Gebäudes nachzeichnet. Ihr schließen sich 168 leere Stühle an, als Symbol für die Getöteten. Besucher verlassen das Ehrenmal durch ein Tor mit der Aufschrift ›9:03‹.« Wir stehen an dem Zaun, der mit bunten Blumen und Glückwunschkarten (»Happy Birthday im Himmel!«) geschmückt ist, und sprechen mit einem Polizisten: »Wir werden die Opfer nie vergessen!« sagt der immer noch niedergeschlagene Mann.

Die Route 66 hat uns in Clinton wieder, dort ist sogar der Originalbelag der alten Straße zu sehen. Im neuen Route 66 Museum erlebt man die bewegte Geschichte der »Mother Road« auf einem Rundgang durch sechs Jahr-

zehnte und zu den Klängen von Woody Guthrie (»Will Rogers Highway«), Bobby Troup (»Get Your Kicks on Route 66«) und den Beatles (»I Saw Her Standing There«). Eine knallrote Corvette aus den fünfziger Jahren, ein originaler Jeep aus dem Zweiten Weltkrieg, ein Drive-In und andere Ausstellungsstücke bilden den Rahmen für ein lebendiges Museum.

Crossroads of the World

Die Texaner behaupten, »in Texas ist alles größer«, aber die Route 66 durchkreuzt lediglich das schmale Panhandle: 180 Meilen durch weites Land, wie man es aus ungezählten Westernfilmen kennt, und durch den Llano Estacado, der weniger furchterregend wirkt als in den Büchern von Karl May. Der einstige Glanz kleiner Städte wie Shamrock und McLean ist längst verblaßt – beeindruckend sind nur die endlosen Ebenen.

»Wenn die Sonne scheint«, behauptet Bobby Lee, »und das tut sie fast immer, kann man im Panhandle die Erdkrümmung sehen, so flach ist es hier!« Bobby Lee führt die »Big Texan Steak Ranch«, das bekannteste und beste Steakhouse des Panhandle, wenn man den Schildern entlang des Highway glauben darf. Das war schon während der sechziger Jahre so, als die Route 66 direkt vor dem Eingang vorbeiführte. »R. J. Bob Lee, mein Vater, kam aus Kansas City«, berichtet Bobby, während wir uns ein tellergroßes T-Bone-Steak mit gebackener Kartoffel und Cowboy-Bohnen schmecken lassen. »Ende der fünfziger Jahre tauchte er in Amarillo auf und war von der Gegend begeistert. Natürlich wollte er Cowboys sehen, aber es gab kaum noch Cowboys, und was viel schlimmer war, in ganz Amarillo wurde kein anständiges Cowboysteak serviert! Well, mein Vater war im Food

Entscheidung im Palo Duro Canyon

Der Palo Duro Canyon, südlich von Amarillo gelegen, hat seinen Namen vom harten Holz (span. palo duro) der Wacholderbäume, die am Ufer des Prairie Dog Town Fork wachsen. In allen Brauntönen schimmern die zerklüfteten Wände der Schlucht. Tiefe Gräben ziehen sich durch das Erdreich, und schroffe Felsformationen erheben sich aus dem Boden.

Die kriegerischen Comanchen benutzten den Canyon als Ausgangspunkt für ihre Raubzüge und versteckten sich mit ihrer Beute im unwegsamen Hinterland. Erst im Jahr 1876 stürmte Colonel Mackenzie mit seinen Soldaten in den Palo Duro und besiegte die aufständischen Indianer. Der erste weiße Siedler war Charles B. Goodnight, der nach der Niederlage der Comanchen mit sechzehnhundert Rindern in den Canyon zog und sich am Ufer des Flusses niederließ. Später gründete er eine der größten Ranches von Texas und trieb sein Vieh über den »Goodnight-Loving Trail« zu den Schlachthöfen im Norden.

In einem Amphitheater erscheint auch der legendäre Rancher auf der Bühne, zusammen mit Quanah Parker und seinen Comanchen: »Texas« heißt das kitschige Open-Air-Spektakel, das dort für die Touristen aufgeführt wird.

Business – er belieferte die Airport Lounges – und entschloß sich kurzerhand, ein Steakhouse in Amarillo zu eröffnen. Die Stadt war überschaubar, die Leute waren freundlich, und es gab kaum Verbrechen. ›Crossroads of the World‹ nannte er Amarillo. 1960 eröffnete er seine ›Big Texan Steak Ranch‹, und schon im ersten Jahr bildeten sich lange Warteschlangen vor dem Restaurant! ›Amarillo, das ist doch die Stadt mit den großen Steaks‹, wurde auf der Route 66 geflüstert.« Einen beinahe legendären Ruf besitzt das »Big Texan« wegen seines »Sonderangebots«: Wer es schafft, ein riesiges 72-Unzen-Steak (ungefähr zwei Kilo!) mit Beilagen und Nachtisch innerhalb einer Stunde zu essen, bekommt es umsonst! »Wir verbrauchen jedes Jahr 44000 Kilo Fleisch«, berichtet Bobby, »ausgesuchte Ware aus allen Teilen des Landes. Wir wissen, was die Leute wollen. Am beliebtesten ist das T-Bone-Steak, aber auch das Top Sirloin verkauft sich gut. Filetsteaks mag ich nicht so gern, das Fleisch ist sehr zart, hat aber nicht soviel Geschmack wie ein Sirloin.« Besonders stolz ist er darauf, daß die wenigsten Leute eine Steak-Sauce verlangen, »unsere Steaks haben genug Geschmack«.

Aus dem Palo Duro Canyon kommt Hodie Porterfield, ein leibhaftiger Westmann, der auf der Steak Ranch ein zweites Zuhause gefunden hat. In der Originaltracht eines Trappers erzählt er den Leuten von der aufregenden Geschichte des Landes. Natürlich schläft er in keinem festen Haus; er bevorzugt ein Indianertipi, das er hinter dem Motel auf einer abgelegenen Wiese errichtet hat. »Ich lebe wie die Indianer und Trapper vor zweihundert Jahren«, gesteht er. »Das einfache Leben gefällt mir besser als die sogenannte Zivilisation. Ich brauche die Nähe der Natur, ich kann mit Pfeil und Bogen umgehen und verhungere in der Wildnis nicht. Wenn ich genug von der Steak Ranch habe, gehe ich den Palo Duro Canyon zurück, südlich von hier – eine einsame Gegend, in der einst die Comanchen gelebt haben; dort lebe ich von dem, was die Natur mir gibt.«

Auch Klapperschlangen stehen auf

Hodie Porterfield, ein moderner Trapper aus Amarillo.

der Speisekarte von Hodie, der von den Indianern »Long Bow« genannt wird. »Die Indianer haben mich gelehrt, wie man abseits der Zivilisation überleben kann, und dieses Wissen will ich an andere Menschen weitergeben, besonders an die Kinder.« Der fünfzigjährige Trapper sehnt sich nach der Vergangenheit – auch auf der historischen Route 66 war er unterwegs: »Ich war noch ein Kind«, erzählt er, »ungefähr fünf Jahre alt, und wir fuhren in einem alten Ford über den Highway. Der war damals zweispurig, und wir kamen nur im Schrittempo voran. Wir wollten uns den Grand Canyon ansehen. Jede kleine Stadt hatte damals was Besonderes zu bieten, und am meisten blieben mir die ›Rattlesnake Farms‹ in Erinnerung – dort gab es gefährliche Klapperschlangen zu sehen! Seitdem interessiere ich mich für die Biester.« Im Souvenirladen der Steak Ranch zeigt er uns ein besonders stattliches Exemplar, zum Glück liegt die Schlange hinter festem Glas.

A Cowboy's work is never done!

»Die Arbeit eines Cowboys ist niemals getan«, heißt es in einem alten Cowboylied. Und das ist gar nicht übertrieben: Nicht selten saßen die Kuhjungen zwanzig Stunden im Sattel, bei Wind und Regen, unerträglicher Hitze, Schnee und Sturm. Sie besserten Zäune aus, bauten Schuppen, fingen versprengte Rinder ein und ritten Pferde zu. Für dreißig Dollar im Monat, freie Verpflegung und Unterkunft arbeiteten sie von frühmorgens bis spät in die Nacht – aber die meisten waren glücklich dabei, denn nirgendwo fühlte man sich freier und ungebundener als auf der Weide, fernab vom puritanischen Denken der damaligen Zeit.

Die Hauptarbeit mit den Rindern wartete im Frühling und Herbst auf die harten Männer – wenn die Tiere zusammengetrieben, gezählt und gebrändet wurden. Dieses Roundup verlangte eine genaue Einteilung der Arbeit, und jeder Cowboy hatte sein bestimmtes Aufgabengebiet: mit den Cutting Horses wurden Rinder von der Herde getrennt, die Ropers fingen die Tiere mit dem Lasso, und die Flankers warfen sie auf die Seite. Der Ironman brannte dem Tier das Brandzeichen ein.

Im Winter wurden die meisten Cowboys in die Arbeitslosigkeit entlassen, es gab kaum noch etwas zu tun. Sie lebten vom ersparten Geld, ritten als »Grubline Reiter« über das Land und bettelten sich ihre Mahlzeiten zusammen – oder sie wurden zu Banditen und endeten dann schließlich am Galgen.

Das 72-Unzen-Steak hat Hodie selbst allerdings noch nie gegessen – das überläßt er den Gästen, »die keine Ahnung haben, wie groß so ein Steak sein kann!« Immerhin, ungefähr jeder siebte schafft es. Ein elfjähriger Junge, eine neunundsechzigjährige Frau, ein Ehepaar, das jeden Sommer kommt und zwei Riesensteaks im Gleichtakt vertilgt: »Am schnellsten war ein Baseballspieler der Cincinatti Reds, der brauchte keine zehn Minuten! Am längsten brauchte eine Lady, die wurde zwei Minuten vor der abgelaufenen Zeit fertig. Die meisten Leute brauchen eine Dreiviertelstunde.«

Alle Macht der Phantasie!

Amarillo war schon vor hundert Jahren für seine hervorragenden Steaks bekannt. Im Jahr 1893 wurden sechshundert Menschen und fünfzigtausend Rinder innerhalb der Stadtgrenzen gezählt. Die nahe XIT war die größte Ranch der Welt. Die Stadt wuchs mit der Eisenbahn und dem Rindergeschäft, das Charles Goodnight und andere Rancher ins Panhandle brachten, war der größte Viehverladeplatz der Welt, bis weiter südlich ein neuer Bahnhof entstand. 1921 brachten große Ölfunde einen neuen Aufschwung: »Das war der Anfang vom Ende«, bemerkt Hodie bissig, bevor er seinen Eistee austrinkt und sich verabschiedet. »Ich halte es nur eine bestimmte Zeit in dem vollen Lokal aus.« Wir folgen ihm bis zur Stadtgrenze und müssen an den schrulligen West-

Cowboys sterben nicht aus – im Panhandle von Texas arbeiten Weidereiter ähnlich wie vor hundert Jahren. Aber sie haben Konkurrenz bekommen! Moderne Cowgirls schlüpfen in Jeans und Chaps und fangen wilde Pferde oder Rinder ein (rechte Seite). Auf Guest Ranches, die es überall im amerikanischen Westen gibt, können sich auch ungeübte »City Slickers« im Westernsattel versuchen.

mann denken, als wir westlich von Amarillo die »Cadillac Ranch« besuchen: Zehn Cadillacs, mit vieldeutiger Graffiti verziert, stecken mit der Schnauze nach unten in einem abgelegenen Feld. Stanley Marsh 3, ein reicher Texaner, ließ die Straßenkreuzer vergraben: »Die Route 66 bedeutet mir viel. Sie ist von einer Romantik umgeben wie keine andere Straße auf der Welt. Route 66 bedeutet auch meiner Generation sehr viel. Wie das Automobil, besonders der Cadillac. Die Autos und die Straße waren Denkmäler des amerikanischen Traums. Die Idee war, sich eine hübsche Blonde zu schnappen und in einem Cadillac zum Strand nach Kalifornien zu fahren. Ich lernte die Ant Farm – eine Gruppe von experimentellen Architekten – kennen und beauftragte sie, ein Kunstwerk zu schaffen, das den amerikanischen Traum repräsentiert. Ich habe mich immer für Kunst interessiert. Das Ergebnis war die Cadillac Ranch. Der Cadillac steht für unsere Phantasie.«

Von Amarillo nach Gallup

Native America

Wautonamah, der Anführer der Apachen, spürte den nahen Tod. Er wollte, daß ein besonders fähiger Mann seine Nachfolge antrat, und rief seine beiden tapfersten Krieger zu sich. »Tonopah! Tocom!« sagte er. »Ich werde bald sterben und möchte, daß einer von euch die Geschicke unseres Volkes leitet.« Er hatte gehört, daß Tonopah und Tocom verfeindet waren und um die Hand seiner einzigen Tochter stritten. Kari, so hieß seine Tochter, hatte sich längst für Tocom entschieden, aber das wußte niemand. »Nehmt die großen Messer«, fuhr der Häuptling fort, »und kämpft auf Leben und Tod! Der Sieger soll Häuptling werden und meine Tochter zur Frau bekommen!«

Die Krieger trafen sich auf dem verabredeten Platz und kämpften gegeneinander. Sie ahnten nicht, daß Kari sich in einem nahen Gebüsch versteckt hatte. Als Tocom starb, rannte Kari aus ihrem Versteck, tötete den verhaßten Tonopah und sich selbst. Wautonamah weinte beim Anblick der tragischen Szene. Er riß das Messer aus der Brust seiner Tochter und brachte sich um. »Tocom! Kari!« waren seine letzten Worte. Seit diesem Tag trägt der nahe Berg diesen Namen, und auch die Stadt der weißen Siedler wurde »Tucumcari« getauft.

Wir erfahren diese Legende von Mike Callens, dem Besitzer des »Teepee Store« an der Route 66: ein »Curio Store« mit kuriosen Andenken und allerlei Schnickschnack, wie es sie früher an jeder Kreuzung gab. »In den Fünfzigern gehörte der Laden meiner Tante«, berichtet er. »Damals gab es in Tucumcari so viele Curio Stores wie Motels!«

Der kleine Ort lebt immer noch von der historischen Straße, beschwört die Vergangenheit mit leuchtenden Neonschildern. Das schönste, eine blaue Schwalbe, flackert über dem Blue Swallow Motel und fehlt in keinem Fotobuch über die Route 66. Dale Bakke

hat das legendäre Motel im März 1998 übernommen: »Ich komme aus Colorado, dort habe ich als Elektriker gearbeitet. ›Motel zu verkaufen‹, stand in der Denver Post. Es gefällt mir in Tucumcari, und ich freue mich darauf, den Laden wieder in Schwung zu bringen! Hier gibt's 'ne Menge Arbeit, besonders für einen Elektriker. Ich will überall kleine Lichter haben.«

Santa Rosa: Coming soon

In Santa Rosa sind die Neonlichter verloschen, erinnern nur noch verfallene Motels an den einstigen Glanz. Die Stadt lebt von der Erinnerung an das legendäre »Club Cafe«, das im Jahr 1992 geschlossen und mit Brettern verbarrikadiert wurde. Wir haben weit und breit keine Bauarbeiter gesehen, und das Schild »Coming soon« lehnt schon seit ein paar Jahren an der nackten Wand. Von 1935 bis 1992 lockte der »Fat Man« – ein pausbäckiger Werbeonkel – die Reisenden von der Straße, sogar vom Interstate. Phillip und Ruby Craig servierten »genuine hamburgers« – die echten aus Rinderhack, hausgemachtes Chili con carne und die besten Biscuits zwischen Amarillo und dem Pazifik. Im Jahr 1973 übernahm Ron Chavez, ein eifriger Verfechter der Route 66, das legendäre Restaurant: »Für mich ging ein Traum in Erfüllung!« Der grüne Chile in den mexikanischen Eintöpfen wurde aus Puerto de Luna importiert, der Heimatstadt des Besitzers. »Ich serviere noch richtiges Essen«, sagte er damals, »die Amerikaner haben ihre Küche ruiniert. Die Fast-Food-Restaurants haben es getan. Das Essen kommt aus Automaten, wird aus Plastik hergestellt und ist voller Chemikalien. Aber nicht hier! Niemals! Als es die Route 66 noch gab, wurde kein Automaten-Essen serviert, so etwas gab es gar nicht! Kein gefrorenes Zeugs, keine Mikrowelle!«

Las Vegas, New Mexico

Ron Chavez hat gegen die Fast-Food-Giganten verloren. Heute strömen die Leute in den McDonald's und ins Restaurant des großen Truckstops außerhalb der Stadt. Oder sie fahren an dem kleinen Ort vorbei, über eine Ausweichroute der Route 66 nach Las Vegas, das viel kleiner und romantischer als das »echte« Las Vegas in Nevada ist und garantiert ohne Strip und Casinos. Im Westen ragen die Sangre de Cristo Mountains empor, dunkelgrüne Wälder bedecken die Hänge vor der Stadt. Der Himmel ist endlos, und der sanfte Wind bringt ein gesundes Klima. Ein willkommener Haltepunkt für die erschöpften Händler, die zu Beginn des 19. Jahrhunderts über den Santa Fe Trail nach Westen zogen.

Die Soldaten aus dem nahen Fort Union vergnügten sich in den Saloons der Stadt. Nach den Indianerkriegen kamen die Touristen und erfreuten sich an den heißen Quellen und dem gesunden Klima. Mit der Eisenbahn, die im Jahr 1879 nach Las Vegas kam, begann ein neuer Boom. Die Mexikaner wurden auf die »falsche« Seite der Schienen abgeschoben, in der »Neuen Stadt« regierten Geschäft und Gangster. Wyatt Earp und Doc Holliday ritten über die Main Street. Billy the Kid wanderte hinter Gitter. Es ging bergab mit dem lasterhaften Las Vegas, New Mexico, und die Stadt erholte sich erst vor einigen Jahren, als man daranging,

die historischen Gebäude aus der Eisenbahnzeit zu renovieren. Selbst das altehrwürdige Plaza Hotel erstrahlt nun wieder im alten Glanz.

Murphey's Drugstore, im historischen Teil der Stadt gelegen, erinnert an die fünfziger Jahre, als das Cola noch gezapft wurde und »Diet Coke« sowie »Diet Pepsi« nicht im Wörterbuch standen. »Den Laden gab es schon vor hundert Jahren«, berichtet Danny Ciddio, der junge Manager des Ladens, während er einen »Cherry Lime« aus Kirschsirup, Limonensaft und Mineralwasser mixt: »Der geht auch bei den Kids am besten!« Während der Blütezeit der Route 66 strömten die Leute scharenweise in die Soda Fountains der Drugstores und bestellten selbstgemachtes Root Beer (schmeckt wie Lakritze) oder Cherry Coke. Kenner schütteten ein paar Erdnüsse ins Kirschcola, um das Aroma zu verfeinern. »Malts« waren Milchshakes mit einem leichten Malzgeschmack, und bei den »Floats« schwammen die Eiskugeln in süßer Limo. Bei »Murphey's« gibt es die Kalorienbomben noch immer, natürlich selbstgemacht: »Wir bekommen nur Cola und Limo geliefert.«

Westwärts nach Santa Fe

Wir folgen dem Santa Fe Trail nach Westen, der historischen Handelsstraße, die zwischen den Jahren 1821 und 1880 das ländliche Missouri mit dem spanischen New Mexico verband. Bereits im 18. Jahrhundert hatten französische Händler versucht, eine Handelsbeziehung mit den Spaniern aufzubauen, aber der König von Neuspanien wollte unabhängig bleiben und ließ die Waren konfiszieren. Erst 1821, als Mexiko sich von dem spanischen Mutterland lossagte, fuhr William Becknell – ein verschuldeter Kaufmann – mit fünf Männern von Franklin, Missouri, nach Santa Fe und kehrte als reicher Mann in seine Heimat zurück. Achtundvierzig Tage brauchte Becknell für die gefährliche Reise durch unwegsames Indianerland. Ihm folgten dann wagemutige Händler und tollkühne Abenteurer, Goldsucher und

Betrüger, zweifelhafte Tanzhallenmädchen und landhungrige Siedler – selbst Indianer, Banditen und Naturkatastrophen konnten sie nicht davon abhalten, nach Westen zu ziehen und in Spanisch-Amerika ihr Glück zu versuchen. Santa Fe wurde zur Drehscheibe eines weitverzweigten Handelsnetzes, das sich bis nach Europa erstreckte. Das Knarren der Wagenräder und das Knallen der Bullenpeitschen ergaben die Begleitmelodie einer Epoche, die erst im Februar des Jahres 1880 endete, als der erste Dampfzug nach Santa Fe rollte.

Der ursprüngliche Charakter des Santa Fe Trails konnte bis heute bewahrt werden. Flache Häuser aus Adobelehm säumen die Straße, die immer noch »Old Santa Fe Trail« heißt und von Kunstgalerien, Restaurants und Boutiquen gesäumt wird. Keine Spur von Ramschläden oder Junk Food: Die San Miguel Chapel, seit 1625 an der historischen Straße gelegen, bietet noch den gleichen Anblick wie damals – ein paar Meter weiter steht das »älteste Haus der USA«.

Das Erbe der spanischen Vergangenheit ist überall in der Stadt zu finden. Romantische Häuser aus luftgetrockneten Adobe-Lehmziegeln drängen sich um die Plaza und verleihen der Stadt eine intime Atmosphäre, wie man sie im südlichen Europa findet. In dieser Umgebung fühlen sich vor allem kreative Menschen wohl – Bildhauer und Maler, Musiker, Schriftsteller und Fotografen: »Weil das Licht hier sanfter ist«, erklärt Veryl Goodnight. »Die Formen sind weicher, die Atmosphäre ist entspannter und friedlicher. Santa Fe ist eine weibliche Stadt.«

Absolute Freiheit: The Day the Wall Came Down

Veryl Goodnight gehört zu den bekanntesten Bildhauerinnen der USA. Sie modelliert Frauen und Pferde, vor allem Pferde, und als wir unseren Wagen vor ihrem Haus parken, ruft sie von der Koppel herüber: »Ich bin hier drüben! Dillon braucht Bewegung!« Dillon ist ihr Lieblingspferd, ein stolzes Tier mit seidigem Fell und starken Muskeln. Sie reitet ohne Trense, wie eine Indianerin. »Veryl versteht was von Pferden«, sagt ihr Mann, »sie kennt ihre Empfindlichkeiten und weiß, wie sie reagieren.« Jeden Morgen reitet sie in der Koppel, oder sie treibt Dillon in die Berge hinauf, läßt sich den Wind um die Nase wehen und genießt das goldene Sonnenlicht. »Ich liebe Pferde, ich bin mit ihnen aufgewachsen. Ich habe meinen Mann auf einem Ausritt kennengelernt, und wir haben im Sattel geheiratet. Auf dem Rücken eines Pferdes spüre ich die absolute Freiheit!«

Veryl Goodnight besitzt vier Pferde, vier Katzen und zwei Hunde – »einen halben Zoo«, wie ihr Mann lachend bemerkt. »Ohne mein Talent würde ich bestimmt als Cowgirl arbeiten«, fügt sie hinzu. Die Bildhauerin wuchs in Denver auf, in den Ausläufern der Rocky Mountains. »Damals konnten wir uns kein Pferd leisten, also malte ich sie, und im Winter modellierte ich sie aus Schnee, den gab es in Denver zur Genüge. So bin ich Bildhauerin geworden.« Schon mit sechzehn Jahren gewann sie eine Sidewalk Art Show, vier Jahre später arbeitete sie als Künstlerin. Nach Santa Fe zog sie aus dem gleichen Grund wie die meisten anderen Künstler, die für über zweihundert Galerien in Santa Fe arbeiten: »Das Licht ist hier besonders intensiv,

Im chromblitzenden Cadillac nach Santa Fe. Die Stadt der Künstler verzaubert mit romantischen Bauten aus Adobe-Lehm und der ältesten Kirche der USA. Jeri Ahbe-hill, eine Kiowa-Comanche-Frau aus Oklahoma, handelt mit traditionellem Indianerschmuck. Tony Abeyto (mit seinem Sohn Mozart Gabriel) gehört zu den erfolgreichsten und mutigsten Künstlern von Taos, New Mexico. Veryl Goodnight (rechts) ist für ihre Pferdeskulpturen bekannt.

vor allem abends, und das Land verändert sich ständig, wie eine Skulptur unter meinen Händen. Die Natur arbeitet als Bildhauer. Am schönsten ist es nach einem heftigen Regen, wenn der Boden aufgewühlt ist und die Luft nach der würzigen Erde riecht. In Santa Fe kann ich am besten arbeiten. Ich komme aus dem Westen, dort ist das Land weit und endlos, ich brauche diese Freiheit. Ich könnte niemals in einer Großstadt wie New York leben. Santa Fe ist gerade richtig.«

Die Pferdestatuen der Künstlerin stehen vor der National Cowboy Hall of Fame in Oklahoma City und dem Astrodome in Houston sowie vor dem Old West Museum in Cheyenne und im Zoo von Denver. Nach Berlin wurde ihr ehrgeizigstes Werk transportiert: »The Day the Wall Came Down« erinnert an den Fall der Berliner Mauer und zeigt fünf Bronzepferde, die einen Mauerrest überspringen. »Mir träumte, daß fünf Pferde über die Berliner Mauer springen«, gesteht sie. »Der Sieg des menschlichen Geistes über die Barrieren eines diktatorischen Regimes hat tiefen Eindruck auf mich gemacht. Ich habe die Berichte im Fernsehen verfolgt und flog nach Berlin, um ein Gefühl für die Stadt und ihre Geschichte zu bekommen. So eine Idee hat man nur einmal im Leben! Ich habe über drei Jahre gebraucht, um sie zu realisieren.«

Country and Western

Durch das Rio Grande Valley führt der Abstecher der Route 66 auf die eigentliche Straße zurück, vorbei an malerischen Indianerpueblos und dem schneebedeckten Sandia Peak. »This is K-BULL 103,3«, tönt das Radio, »mit der besten Country Music des ganzen Westens! Ich bin Joel Hixon, und hier ist Waylon Jennings mit einem Oldie...« Sie spielen die alten Songs, nicht nur New Country, das

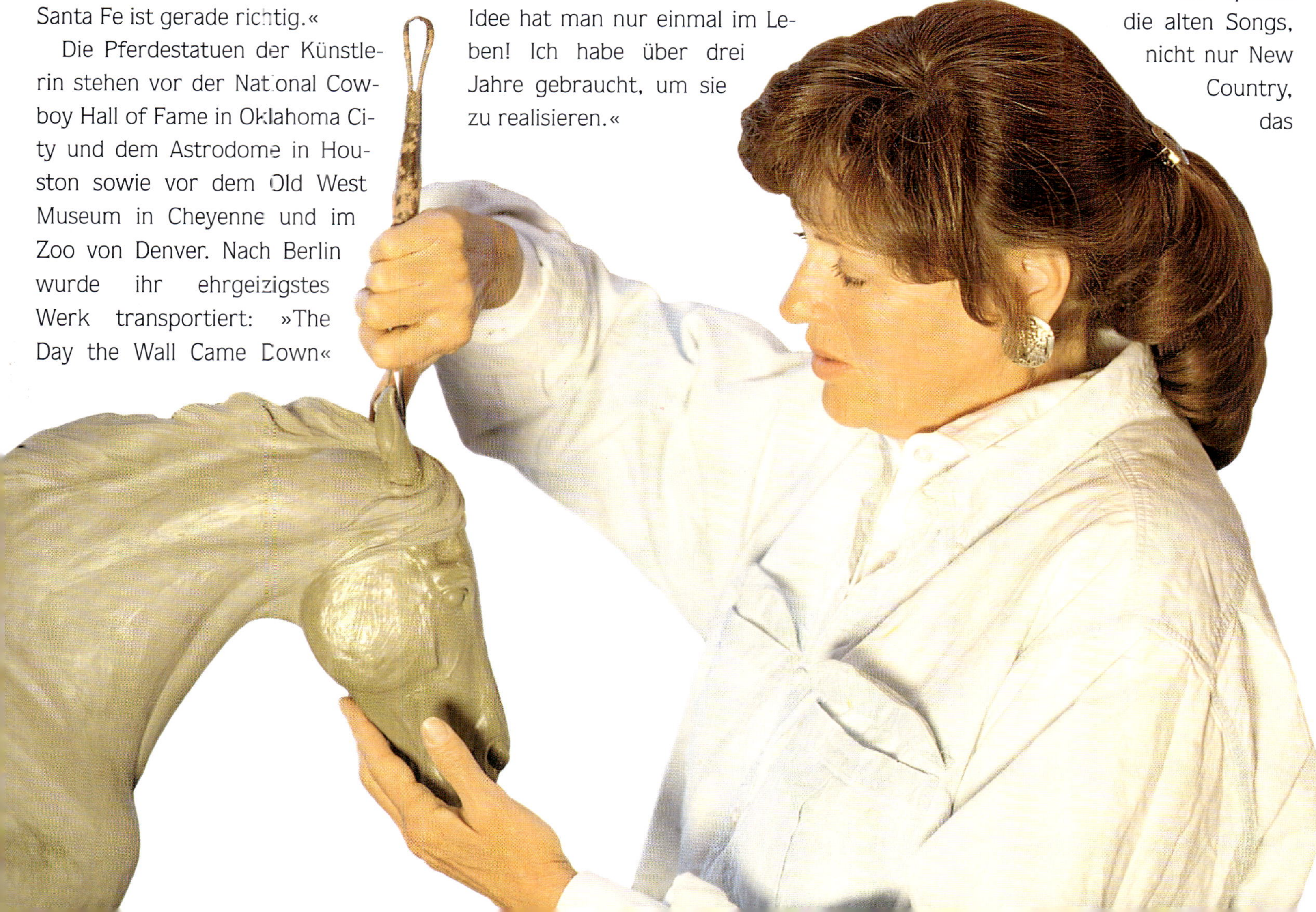

My baby woke up – in a brandnew Cadillac

kaum noch von Rock und Pop zu unterscheiden ist. »So wollen es die Leute, die durch unsere Stadt fahren«, sagt der Diskjockey, als wir ihn im Studio besuchen. K-BULL residiert im fünften Stock eines gläsernen Bankgebäudes. »Viele Besucher kommen wegen der historischen Route 66 nach Albuquerque. Sie sehnen sich nach der guten alten Zeit, und dazu gehören Country Songs aus den Fünfzigern und Sechzigern.«

und er weiß, daß die meisten Leute auf der »Mother Road« seinen Sender hören, weil man zur Country Music am besten Auto fahren kann. »Die historische Route 66 läuft direkt an unserem Studio vorbei«, sagte er mit einem Blick auf die Central Avenue. Dort wurden zahlreiche Häuser renoviert, und selbst das Neonschild des legendären »El Vado Motels« leuchtet noch durch die Nacht.

Joel Hixon arbeitet seit dem Jahr 1970 als Diskjockey, vorher war er auf einem Flugzeugträger im Südchinesischen Meer. »Während eines Taifuns wurde ich von Deck geschleudert. Ich fiel auf den Rücken und mußte ein Jahr im Krankenhaus liegen. Nach meiner ehrenhaften Entlassung ging ich nach Santa Fe und dachte: Versuchst es mal beim Radio. Seitdem hat mich der Job nicht mehr losgelassen.« Joel ist ein großer Fan der Route 66,

Phil Maloof, ein seltsamer Kauz mit viel Geld, sammelt historische Straßenkreuzer. 238 Fahrzeuge parken in drei großen Hallen. Zu seinen Lieblingsautos gehört der goldene Cadillac, in dem Marylin Monroe zu den Dreharbeiten fuhr. Ein 59er-Modell, das er liebevoll pflegt. Sechs Millionen Dollar ist die Sammlung des exzentrischen Millionärs wert.

Und diesmal fahren wir stilecht vor – im knallroten 58er Cadillac von Phil Maloof, einem verrückten Sammler aus Albuquerque. »Ist das nicht ein toller Wagen?« ruft er begeistert. »Ich hoffe nur, daß mir die Kiste nicht abstirbt!« Er fährt die noble Karosse wie einen Pickup, ruckhaft und ohne auf die anderen Verkehrsteilnehmer zu achten. Einundsiebzig Jahre hat der Alte auf dem Buckel, »aber ich benehme mich immer noch wie ein Kind« – dabei ist er im Biergeschäft groß geworden und besitzt noch immer Anteile an einer imposanten Bank. Er sammelt historische Straßenkreuzer, vor allem Cadillacs, denn die Edelschlitten hat er schon als Kind bewundert. 238 Autos stehen in drei großen Hallen, davon 140 Cadillacs. »Den 41er Caddy hab' ich am liebsten, den fuhr ich zu meiner High-School-Zeit!« Aber auch der goldene 59er Caddy, den Marylin Monroe fuhr, kann sich sehen lassen. Er grinst in den Rückspiegel. »Ich bin im selben Jahr wie Marylin auf die Welt gekommen, ich hab' nur ein bißchen mehr Glück gehabt!«

Einen 54er Coup de Ville hat er gerade erst in El Paso gekauft: »Aber wenn ich alle Wagen außer einem verkaufen müßte, würde ich meinen hellgrauen 41er behalten, das ist mein Lieblingswagen!«

Phil Maloof bremst vor seinen heiligen Hallen und zeigt uns seine Prunkstücke: seine Cadillacs natürlich, einen nach dem anderen, aber auch den 58er Buick, der sechshundert Pfund Chrom über die Straße tragen mußte; den

56er Chrysler Imperial mit dem Tankdeckel unter der Heckflosse, den 57er Ford Fairlane 500 mit seinem ausklappbaren Hinterteil, den 30er Cadillac – den Tom Mix, der legendäre Cowboystar, durch Hollywood fuhr; den 36er Packard mit der V-12-Maschine, den 36er Auburn. »Das war der Ferrari der USA, den konnten sich nur Filmstars leisten!« Sein größter Wagen? Ein 60er Lincoln Continental. Sein kleinster Wagen? »Ein 74er Volkswagen«, berichtet er schmunzelnd.

Sechs Millionen Dollar ist Phil Maloofs Sammlung wert: »Aber so schlecht kann es mir gar nicht gehen, daß ich die Sammlung verkaufe!« meint er. »Die Wagen stehen nicht zur Zierde herum. Alle Autos sind fahrbereit, ich bin jeden Tag mit einem anderen unterwegs. Ich putze alle Wagen selber, jeden Tag eine Reihe, und nehme das Spezialwachs, das die Scheichs in Saudi-Arabien benutzen. Das schützt den Lack am besten!«

Schein und Sein: Gordon Snidow, ein Mitglied der renommierten »Cowboy Artists of America«, modelliert ein Cowgirl.

Happy Days

Im »66 Diner« verabschieden wir uns von Albuquerque – mit einem großen Hamburger natürlich, einem Milchshake und Musik der frühen sechziger Jahre. Erik Willis, der junge Manager, gehört zur Garde der Route-66-Fans – er hat das Restaurant nach Fotos aus den Fünfzigern entworfen. »Damals hätte das auch nicht anders ausgesehen«, bemerkt er stolz. Pinkfarbene und grünblaue Neonlichter blinken an den cremefarbenen Wänden, und die hübsche Kellnerin trägt eine Uniform und Bobby Socks aus den »Happy Days«. »Es macht riesigen Spaß, hier zu arbeiten«, sagt Ilana Blankman, die in den Fünfzigern noch gar nicht geboren war. »Ich glaube, die Route 66 kommt wieder in Mode!«

Gordon Snidow kam über die alte Route 66 nach New Mexico: »Das war in den vierziger Jahren, und ich wohnte damals noch in Tulsa, Oklahoma. Ich kann mich daran erinnern, daß wir an einer Whiting-Brothers-Tankstelle gehalten haben; dort gab es die Wasserflaschen, die man unbedingt brauchte, wenn man über die Route 66 nach Westen fahren wollte. Albuquerque war damals ein winziges Nest. Wir fuhren in einem 47er Pontiac zum Grand Canyon und in den Yosemite National Park nach Kalifornien. In Los Angeles gingen wir baden – damals gab es noch keinen Smog! Eine wunderbare Zeit, wenn man zurückblickt. Später kehrte ich nach New Mexico zurück, weil mir die Landschaft so gut gefiel. Wir wohnen nur einen Block von der Route entfernt.«

Der begeisterte Hobby-Angler wußte schon als Kind, daß er Künstler werden wollte. Ihn begeisterten die Gesichter der Cowboys. Er studierte am Art Center College of Design in Los Angeles und gehörte zu den ersten Mitgliedern der renommierten »Cowboy Artists of America«, die ihm siebenundzwanzig Gold- und Silbermedaillen verliehen. »Ich male moderne Cowboys«, sagt er, »verstehe mich in der Tradition von Charlie Russell und Frederic Remington, die Westmänner ihrer Zeit im Bild festhielten. Ich möchte ein Kapitel des amerikanischen Westens in Bildern schreiben. Die Cowboys, die ich male, haben alle ihr eigenes Leben und ihre eigene Geschichte.« So wie der wettergegerbte Weidereiter, der auf der Plattform einer historischen Windmühle sitzt. »Viel zu bald wird die Sonne über der letzten Wind Star Mill untergehen, und bald darauf wird der letzte Cowboy in den Sonnenuntergang reiten. Mit ihm stirbt ein Zeitalter.«

Gordon sitzt uns in der Küche seiner kleinen Farm gegenüber und schmunzelt. »Die Windmühle hab ich im Panhandle Museum bei Amarillo gefunden, der Cowboy lebt in Montana. Ich gehe raus zu den Cowboys, lebe und arbeite mit ihnen, um das richtige Gefühl für meine Bilder zu bekommen.« Die Frau, die er vor einem knorrigen Baum in seinem Garten malt, heißt Grace und ist seit einigen Monaten mit ihm verheiratet: »Doch wir kennen uns schon viele Jahre, haben uns in einer Bank getroffen, während einer Ausstellung.« Grace trägt den verbeulten Hut eines alten Cowboys und einen dunklen Staubmantel. Sie scheint mit dem Land verwachsen zu sein: »Im Wilden Westen liegen unsere Wurzeln.«

Stairway to Heaven

Auch die Route 66 ist im Westen heimisch geworden, verläuft parallel zum Interstate und den Schienen der Santa Fe Railroad. Schwarzes Lavagestein erhebt sich aus dem trockenen Land. Acoma, die legendäre Himmelsstadt der Pueblos, liegt auf einer zerklüfteten Mesa abseits der Straße. Eine steile Schotterstraße führt zu den Lehmhäusern hinauf, die keinen Strom und kein fließendes Wasser haben. Nur mit indianischen Führern darf man das Dorf betreten. Die Legende will wissen, daß die Häuser schon vor Christi Geburt bewohnt waren. Die Indianer tolerieren den Tourismus nur, weil er ihre einzige Einnahmequelle bildet.

»Ich bin immer gut mit den Indianern ausgekommen«, sagt der vierundachtzigjährige Thomas Lamance, den wir vor seinem Ramschladen bei Bluewater treffen. Eine baufällige Bretterbude an der alten Straße, vollgestopft mit Erinnerungen an die Route 66. Eine Wand ist mit Nummernschildern bepflastert, auf dem ältesten steht die Jahreszahl 1915. »Ich war 1918 zum ersten Mal auf dem Highway unterwegs«, erzählt der alte Mann, »ich war damals noch ein kleiner Junge, und mir machte es großen Spaß, auf dem Rücksitz des Model T herumzutoben. 1950 fuhren wir über die Route 66 nach Kalifornien und übernahmen eine Farm, aber 1950 war ein trockenes Jahr, und die Ernte war schlecht. In Kalifornien wohnten damals schon zu viele Menschen! 1983 ging ich in Rente und kehrte hierher zurück. In Bluewater gefällt es mir! Hier belästigt mich keiner, und ich kann von der alten Zeit träumen.«

Er blickt schmunzelnd nach Westen, wo sich der alte Highway im flimmernden Hitzedunst am Horizont verliert. »Get your kicks on Route 66«, murmelt der Alte, »ich schätze, der verdammte Song hatte recht. Am Highway liegt das wahre Amerika!«

Das erste Apartmenthaus im Chaco Canyon

Der Chaco Canyon – eine zehn Meilen lange Schlucht mit Steilwänden und Tafelbergen – liegt im Nordwesten von New Mexico, wenige Stunden von der Route 66 entfernt. Ein schmaler Fluß windet sich durch das Felsental, an seinem Ufer wachsen Bäume und Gestrüpp. Die Sonne wirft ihr goldenes Licht auf die Ruinen der riesigen Felswohnungen, die von den Anasazi in diesem Tal errichtet wurden. So werden die prähistorischen Indianer genannt, die um 1000 n. Chr. im amerikanischen Südwesten wohnten und vom Ackerbau lebten. Ihre Kultur war hochentwickelt, sie kannten sogar eine Zeitrechnung.

Pueblo Bonito, die halbmondförmige Wohnsiedlung der Anasazi im Chaco Canyon, war das erste Apartmenthaus von Nordamerika. Fünf Stockwerke ragten die massiven Wände empor. Die massiven Decken der Zeremonienräume wurden von Balken gehalten, die aus dem Holz der neunzig Meilen entfernten Wälder geschnitten wurden. In den Ruinen wurden kunstvoll verzierte Gefäße und Werkzeuge gefunden, sogar bemalte Tabletts und Musikinstrumente waren dabei.

Um 1300 n. Chr. verschwanden die Anasazi auf bisher ungeklärte Weise von der Bildfläche. Es wird vermutet, daß eine große Trockenheit das Volk vertrieb, und sich die Anasazi mit den Pueblos am Rio Grande Valley vermischten.

Thomas Lamance (84) lebt mit seinen Erinnerungen und träumt von den Anfängen der Route 66. Im Jahr 1918 fuhr er zum erstenmal auf der historischen Straße.

Von Gallup nach Los Angeles

Don't let the sun go down on me!

Angel Delgadillo, der seit dem 22. Mai 1950 einen Friseurladen in Seligman, Arizona, betreibt und zum ersten Präsidenten der »Historic Route 66 Association« gewählt wurde, erinnert sich wehmütig an den 22. September 1978. Damals wurde der Interstate 40 dem Verkehr übergeben: schneller, breiter und sicherer, aber ohne den Mythos der alten Straße.

»Mr. Route 66«: »Ich habe mein ganzes Leben an der Route 66 verbracht und kann mich nur an zwei Tage erinnern, an denen es still auf dem Highway wurde: Am 22. November 1963, als Präsident John F. Kennedy ermordet wurde, stand der Verkehr minutenlang still – so zeigten die Leute ihre Trauer. Am 22. September 1978 erreichte uns der Interstate 40, und der Verkehr wanderte auf die Schnellstraße ab. Unsere kleine Stadt wurde bedeutungslos. Die Leute vergaßen uns, und ich weiß noch genau, wie einsam ich damals war.«

Der rüstige Rentner wurde ein paar Monate, bevor man die Route 66 offiziell dem Verkehr übergab, in Seligman geboren. »Ich wuchs am alten Highway auf, als er noch eine schmale Schotterstraße war, die den Osten mit dem Westen verband. 1917 waren meine Eltern von Mexiko gekommen. Sie strandeten in Seligman. Mein Vater arbeitete als Maschinist für die Santa Fe Railway, aber 1922 gab es einen großen Streik, und er ging nicht mehr zurück. Statt dessen wurde er Friseur. Er eröffnete einen Laden und eine Billardhalle an der Straße, die später Route 66 genannt wurde. Meine Mutter starb in den frühen Siebzigern und mein Vater 1978 – ausgerechnet in dem Jahr, als der Interstate 40 unsere Stadt erreichte. Wir waren zu neunt, sechs Jungen und drei Mädchen, und ich war der drittjüngste.«

Die Augen des alten Mannes leuchten, wenn er sich an die dreißiger Jahre erinnert, obwohl diese Zeiten alles andere als rosig waren. »Ich war damals ein kleiner Junge, und es war aufregend, dem Verkehr zuzuschauen – den Model T's und A's und den Lastwagen, die sich bis zum nächsten Block stauten. Dann kam die Depression, und ein wahrer Exodus begann. Ein Auto nach dem anderen fuhr vorbei, auf den Sitzen drängten sich die Leute.

Wenn ein Wagen mit einer Matratze auf dem Dach vorüberkam, lachten wir: ›Da kommt ein armer Okie!‹ Wenn zwei Matratzen zu sehen waren, sagten wir: ›Da kommt ein reicher Okie!‹ So wurden die armen Farmer aus Oklahoma genannt, die der Dust Bowl entflohen und in Kalifornien das Paradies suchten. Du kannst dir nicht vorstellen, was die alles mitschleppten: Koffer, Badewannen, Ersatzreifen, sogar Hühner: Das war eine harte Zeit, auch für uns, aber wir verloren nicht den Humor. Nur so konnte man überleben. Beinahe wären wir ihnen nach Westen gefolgt. Das Geschäft meines Vaters lief schlecht, und unser Haus war schon mit Brettern zugenagelt. Mein Vater und meine älteren Brüder checkten unseren Ford-Model-T durch und bauten einen Trailer, in dem wir unser Hab und Gut transportieren wollten. Ich bekam es mit der Angst zu tun. Aber dann wurden meine Brüder Juan und Joe, sie waren Musiker, für mehrere Jobs verpflichtet, und die Dinge liefen wieder besser. Sie fuhren die Route 66 rauf und runter, um mit ihren Bands aufzutreten. Auch mein Vater schlug sich als Gelegenheitsarbeiter durch, und wir konnten in Seligman bleiben.«

Der Fänger des Schattens

Wenn Angel Delgadillo ins Erzählen kommt, wird die Vergangenheit sofort wieder lebendig: »Wir lebten direkt an der Straße, und ich erinnere mich daran, daß wir im Hof spielten und auf den vorbeifahrenden Verkehr warteten. Ich kann immer noch die großen Trucks und Automobile sehen – die Schatten der Fahrzeuge tanzten über die Häuserwände. Wir versuchten, auf die Schatten zu springen und mit ihnen nach Westen zu fahren. Das war unser schönstes Spiel, so verreisten wir: Wir wurden Schattenfänger.

Immer mehr Leute kamen in den folgenden Jahren aus den Dust-Bowl-Staaten. In jedem Wagen waren einige Kinder, einen Opa und eine Oma gab es auch. Sie waren müde und abgespannt und wirkten sehr komisch auf uns. Kinder können grausam sein, das weiß man ja. Wir lachten sie aus und zeigten mit Fingern auf sie, ohne daran zu denken, daß wir beinahe selbst nach Westen gefahren wären. Einige dieser Familien blieben unterwegs hängen,

Der lange Marsch der Navajos

Westlich von Gallup führt die Route 66 an der Navajo-Reservation entlang. Braune Felsbrocken ragen aus dem Sand, graue Vulkanasche bedeckt den aufgeplatzten Lehmboden. 200 000 Angehörige des größten Indianervolkes der USA leben in dem fünfeinhalb Millionen Hektar großen Reservat im Nordosten von Arizona. Sie treiben immer noch ihre Schafherden durch die Canyons und profitieren von den Touristen, die den Canyon de Chelly und das Monument Valley sehen wollen. Am Straßenrand bieten sie Türkisschmuck und Souvenirs an.

Die Navajos wurden im Winter 1863 von Kit Carson und seinen Soldaten unterworfen; ihre Ernten, die Schaf- und Pferdeherden wurden vernichtet. Am 6. März 1864 schickte man 2400 Indianer ins Exil nach Bosque Redondo: Auf dem »Langen Marsch« und in dem unfruchtbaren Land starben vor allem Frauen und Kinder.

Im 20. Jahrhundert behaupteten die Navajos sich mit einer eigenen Regierung und viel Selbstvertrauen in der Welt des Weißen Mannes. Sogar eine eigene Rundfunkstation, die in der Sprache der Navajos sendet, gibt es in Window Rock, der Hauptstadt des Indianerlandes.

Das Navajoland ist touristisch noch wenig erschlossen. Aber der Stamm unternimmt ernsthafte Anstrengungen, eine bessere Infrastruktur zu schaffen, ohne die religiösen Gefühle der traditionell orientierten Navajos zu verletzen.

oder die Männer bekamen Jobs und arbeiteten so lange, bis sie das Geld für die Weiterfahrt gespart hatten oder zurückfahren konnten.«

Angels Cousins gehörten selbst zu den »Früchte-des-Zorns-Leuten«. »Sie waren zu dreizehnt und gingen nach Kalifornien. Die Polizei machte ihnen das Leben schwer und hielt sie ständig in Bewegung. Sie mußten auf Friedhöfen und unter Brücken schlafen. Aber sie wuchsen heran und bauten ungefähr die Hälfte aller Freeways in Südkalifornien. Die Dust Bowlers machten etwas aus ihrem Leben, sie wurden Architekten, Zimmerleute und Ärzte.«

Während des Zweiten Weltkriegs kam ein Konvoi nach dem anderen vorbei: Trucks und Jeeps und sogar Kanonen. Die Soldaten nahmen auch die Santa Fe Railroad, und während der Zug hielt, schlenderten sie in ihren grünen Uniformen über den alten Highway, um ihre Beine zu strecken und frische Luft zu schnappen. »Mr. Route 66« fährt fort: »Nach dem Krieg kamen die Touristen, immer mehr Urlauber strömten in unsere Stadt. Uns ging es richtig gut. In den Restaurants brummte das Geschäft, die Motels waren alle ausgebucht. Auch in der Billardhalle, im Drugstore und in dem kleinen Diner neben dem Kino lief das Geschäft. Eine aufregende Zeit! Damals gab es auch viele Eisenbahner. Viele von ihnen lebten in Seligman. Sie schliefen in unserer Stadt, aßen in den

Angel »Mr. Route 66« Delgadillo betreibt seit dem 22. Mai 1950 einen Friseurladen in Seligman, Arizona.

Restaurants, kauften Eiscreme und Whisky, Tabak und Kaugummi und ließen ihre Haare bei mir schneiden. Sie schauten unseren Kindern beim Baseball zu und wurden zu unseren Freunden. Als die Eisenbahn unsere Stadt als Übernachtungsstop aufgab, verloren wir Hunderte dieser Eisenbahner. Das war ein schmerzlicher Verlust, beinahe so schlimm wie die Eröffnung des Interstates.«

Um wieder Touristen nach Seligman zu locken und seine kleine Stadt vor dem endgültigen Untergang zu bewahren, gründete Angel Delgadillo am 18. Februar 1987 die »Historic Route 66 Association of Arizona«: »Wir fingen mit fünfundzwanzig Mitgliedern an«, weiß er noch, »inzwischen haben wir beinahe tausend. An jedem letzten Wochenende im April veranstalten wir ein großes Straßenfest mit den Fans der Route 66 und über sechshundert Oldtimern aus dem ganzen Land. Ihr solltet sehen, wie es dann auf unserer Straße zugeht. Wie in den alten Zeiten: Musik, Tanz, Essen – es ist ein tolles Gefühl, so viele Gleichgesinnte zu treffen!«

Angel strahlt wie ein glückliches Kind. »Seit wir die Association gegründet haben, leben die alten Zeiten wieder auf. Die Leute suchen nach der Route 66. Nach dem Amerika von gestern, dem einfachen Leben, als das Fernsehen noch Schwarzweiß war und die Straße ihre eigene Serie hatte. Die Route 66 ist eine Traumstraße, das hat sich nie geändert.«

Ein ungeschminktes Bild von Amerika

Zur Alptraumstraße wird der historische Highway in Gallup, an der Grenze zwischen New Mexico und Arizona, nur einen Steinwurf von der Navajo Reservation entfernt. Durch den Schilderwald der Fast-Food-Restaurants führt sie durch den Ort – ein gefährliches Pflaster für die Indianer, die außerhalb der Reservate auch Alkohol kaufen dürfen und auf den Straßen der kleinen Stadt ein trauriges Bild abgeben. Ein Trading Post oder ein Souvenirstand mögen ein paar Indianer vor der Sozialhilfe oder dem Verhungern retten; sie verbessern aber nicht

Der Petrified Forest National Park im Nordosten von Arizona beheimatet versteinerte Baumriesen aus dem Zeitalter der Saurier.

ihre verzweifelte Lage, über die in den Reiseprospekten gern hinweggesehen wird. Die Route 66 ist keine Touristenstraße, da ist nichts übertüncht, und man bekommt ein ungeschminktes Bild von Amerika zu sehen.

Darüber hilft auch der verblaßte Glanz des legendären »El Rancho Hotels« nicht hinweg. In der Gegend von Gallup wurden zahlreiche Westernfilme und sogar eine Großproduktion wie »Superman« gedreht; in dem Hotel übernachteten Weltstars wie Gregory Peck, Spencer Tracy, Katharine Hepburn, James Cagney und Errol Flynn. Westlich von Gallup verliert sich der Highway auf einer weiten Hochebene, die unvermittelt vom bunten Farbklecks des »größten Trading Posts der Welt« unterbrochen wird – einen gigantischen Souvenirladen mit einem der schlechtesten Restaurants am langen Highway. Zum Glück gab es den vielzitierten Chief Yellowhorse nicht wirklich, und auch »Fort Yellowhorse« wurde nur für einen Film (»Reporter des Satans«) mit Kirk Douglas aufgebaut. Rotbraune Felsen wachsen unvermittelt aus der weiten Ebene, brechen das Licht der Sonne. Durch den Petrified Forest National Park, der mit versteinerten Baumriesen an längst vergangene Zeiten erinnert, geht es nach Westen. Für die Navajos waren die versteinerten Stämme die Knochen von Yiesta, einem Riesen ihrer Ahnen, der im Kampf getötet wurde – die Paiutes hielten sie für abgebrochene Pfeilspitzen ihres Donnergottes. Wissenschaftler haben herausgefunden, daß der versteinerte Wald vor 200 Millionen Jahren aus einem riesigen Sumpfgebiet bestand, in dem Bäume, Farne und Moose gediehen. Die Sümpfe trockneten aus, die riesigen Nadelbäume stürzten zu Boden und versanken im Schlamm. Ihre Stämme wurden durch einen chemischen Prozeß in Quarz umgewandelt. Sie behielten ihre leuchtenden Farben und enthalten Abdrücke von längst ausgestorbenen Meerestieren. Eine gewaltige Zauberwelt aus roten Felsen leuchtet in der goldenen Abendsonne.

Holbrook: Wild Thing

In Holbrook scheint die Vergangenheit lebendig. Am Straßenrand locken die steinernen Zelte eines Wigwam Courts, die für die Autofahrer auf der Route 66 zum Wahrzeichen wurden. An Tabakstellen, Werkstätten, Restaurants und Läden hängen die Originalschilder mit der schwarzen »66«. Noch immer brummen Trucks über die Main Street, als würde es den nahen Interstate gar nicht geben, und vor einem Drive-In werden Bilder aus den fünfziger Jahren lebendig: Zurückgekehrte Soldaten, die mit ihren Frauen nach Westen fahren. Ein Schwarm von vergnügungssüchtigen Urlaubern, die Arizona und den Grand Canyon sehen wollen.

Sogenannte Auto Courts, die Vorgänger der Motels, schossen damals wie Pilze aus dem Boden, der »White Auto Court« am Navajo Boulevard in Holbrook soll der erste gewesen sein. »Joe & Aggie's Cafe« wurde 1943 erbaut und hat sich seit dieser Zeit kaum verändert. Jetzt gehört es Stanley Gallegos aus Mexiko, dessen »mexikanische Küche« allerdings nicht zu den Highlights der kleinen Stadt gehört, selbst wenn das historische Café in zahlreichen Büchern und Filmen über die Route 66 auftaucht.

»Holbrook ist eine wilde Stadt«, sagt Ted Julien im Roadrunner Shop. Auch er lebt von der Route 66, auch bei ihm gibt es Bücher, Kalender und alle möglichen Souvenirs zu kaufen, und wenn man ihn ausreden läßt, erzählt er vom Wilden Westen, der in Holbrook besonders wild gewesen ist: »Ein paar Häuser weiter hat Perry Owens, so hieß unser Sheriff, eine Bande von Viehdieben erschossen. Das war im Jahr 1888. Der Bucket of Blood, unser berüchtigter Saloon, steht immer noch, und im alten Gerichtsgebäude gegenüber siehst du noch das Gefängnis, ein dunkles Loch.«

Flagstaff: Pioniergeist

Die Cholla Power Plant verdunkelt den Horizont mit häßlichen Fabrikgebäuden und dunklen Rauchschwaden, die

Arizona: Urlaub im Cowboy-Sattel

Einmal wie ein Cowboy (oder Cowgirl) leben und im Sattel eines Westernpferdes über die weite Prärie reiten, die Fesseln des zivilisierten Lebens abstreifen, auf einer Ranch wohnen und den Alltag im Wilden Westen erleben. Frühmorgens mit den Weidereitern aufstehen, die Pferde striegeln, Zäune ausbessern und versprengte Rinder zusammentreiben. Abends am Lagerfeuer sitzen, riesige Steaks mit Bohnen essen und zur Country Music tanzen. Das ist ein Kindheitstraum, den man sich auf der Horseshoe Ranch verwirklichen kann.

In Arizona, eine knappe Autostunde südlich der Route 66, wachen Dave Wilcox und eine kleine Mannschaft (auch drei Cowgirls sind darunter!) über zweitausend Rinder.

»Wir sind eine große Familie«, meint Dave, und Bob Whitaker, sein Wrangler, läßt wenig Zweifel aufkommen: »Auf der Horseshoe Ranch lernen auch die Gäste den Alltag hautnah kennen!« Um sechs wird gefrühstückt, dann die Arbeit zugeteilt, und es geht hinaus auf die Weide. Unter der heißen Sonne des Südwestens reitet man durch die zerklüfteten Felsenberge. Das bedeutet harte Arbeit, aber auch ein grenzenloses Vergnügen, das man rechtzeitig buchen sollte: Horseshoe Ranch, Box 5005, Mayer, AZ 86333.

Die Twin Arrows östlich von Flagstaff markieren einen einsamen Truckstop an der Route 66.

wie ein böses Omen über dem Indianerland stehen. Westlich vom Kraftwerk wieder offenes Land und das endlose Band der Route 66, die sich in diesem Teil des Landes beinahe hilfesuchend an den Interstate klammert. Ein überlebensgroßes Kaninchen kündigt den legendären »Jack Rabbit Trading Post« an, einen Souvenirladen wie jeden anderen, der schon zur Blütezeit der Route 66 besser als andere vermarktet wurde. Seit dem Jahr 1949 gibt es den Laden, ein einsamer Trucker hat angehalten und trinkt verdünnten Kirschsirup.

Zwei riesige Indianerpfeile markieren einen beliebten Truckstop, bevor es in die Berge nach Flagstaff geht. Auch in der Westernstadt, die immer noch den Geist der Pionierzeit atmet, lebt die Route 66: ein Motel nach dem anderen, bunte Schilder und kitschige Neonreklamen – Main Street, U.S.A. Hinter der Stadt die schneebedeckten San Francisco Mountains, die endlosen Wälder des Plateaus, die Straße zum Grand Canyon. Im Museum of Northern Arizona, das bereits im Jahr 1928 eröffnet wurde, lebt die Vergangenheit; im Lowell Observatory haben Astronomen 1930 den Planeten Pluto entdeckt.

»Flagstaff ist eine Mischung aus Taos und Aspen«, sagt ein Oldtimer, »nur die Reichen und Schönen sind ausgeblieben. Aber vielleicht ist das gut so, ich brauche den Rummel nicht!«

Martin Zanzucchi, der Besitzer des legendären »Museum Club«, wuchs an der historischen Straße auf und ist ein begeisterter Fan der Route 66. Ihm ist es zu verdanken, daß die Santa Fe Avenue in der Innenstadt von Flagstaff wieder Route 66 heißt: »Ich setzte eine Petition auf und legte sie allen Geschäftsleuten an unserer Straße vor. Die überwiegende Mehrheit unterschrieb.« Seine Eltern hatten einen Bauernhof, und es blieb ihnen gar nichts anderes übrig, als über die Route 66 zu fahren, wenn sie irgendwo hinwollten. »Die Straße war ein Teil meiner Kindheit. Wir zählten die Kennzeichen aus den anderen Staaten und stellten fest, woher die meisten Autofahrer kamen. Ich fand es schade, daß 1968 der Interstate kam, er führte mitten durch unsere Farm!«

Martin Zanzucchis Country Music Club, eine stimmungsvolle Western-Bar mit viel Live-Musik und einer großen Tanzfläche, ist in einem riesigen Blockhaus an der historischen Straße untergebracht: »Es wurde 1931 von einem gewissen Dean Eldredge gebaut und ist immer noch das größte Blockhaus in Flagstaff. Im Jahr 1963 kaufte Don Scott, der Pedal Steeler im Country-Orchester von Bob Wills, das Haus. Er kannte alle großen Country-Stars persönlich und holte sie für wenig Geld nach Flagstaff – Willie Nelson trat im Museum Club für sechshundert Dollar auf. Dann passierte et-

was Seltsames: Dons Frau fiel von der Veranda des Blockhauses und brach sich den Hals. Einige Jahre später heiratete Don eine hübsche Barkeeperin aus seinem Club. Sie war jünger als er und brannte bald darauf mit einem Musiker durch. Don ertrug den Schmerz und die Blamage nicht, setzte sich in aller Seelenruhe auf die Bühne und erschoß sich. Seitdem spukt es im Museum Club!«

Highway to Hell

Hinter Seligman folgen wir dem alten Highway nach Westen. Parallel zur Fernstraße führt die alte Straße durch hügeliges Land und zerklüftete Canyons. Verwitterter Asphalt mit einem kaum erkennbaren Mittelstreifen und von Unkraut überwucherten Schlaglöchern.

Arizona hat die längsten Originalabschnitte des Highway 66, im Westen ganze siebenundachtzig Meilen an einem Stück. In Hackberry, das nach der nahen Hackberry Mine benannt wurde, steht der Kramladen eines schrulligen Wanderpredigers, der am Straßenrand für eine bessere Umwelt wirbt. In Kingman deutet eine verschrottete Dampflok an, daß die Wüstenstadt ihre große Boomzeit mit der Eisenbahn erlebte – immerhin hat allein die »3759« der Santa Fe Railway Company stolze 2 585 600 Meilen auf dem Buckel. Das Beale Hotel war Hauptquartier für die Crew des Regisseurs John Ford, als er Steinbecks »Früchte des Zorns« verfilmte. Andy Devine (der Kutscher aus John Fords »Stagecoach« mit John Wayne) wuchs in dem Hotel auf; später wohnten Greta Garbo, Charles Lindbergh und andere Berühmtheiten im Beale.

Hinter Kingman warten die gefährlichsten Meilen der Route 66 auf uns. In steilen Haarnadelkurven schraubt sich die enge Straße die Black Mountains hinauf – ein Alptraum für viele Autofahrer, die schon um drei Uhr nachts losfuhren, um die sengende Wüstenhitze zu vermeiden und manchmal sogar Einheimische bezahlten, damit diese die Fords und Chevys über die Berge steuerten. Die Model T's in

den dreißiger Jahren mußten sogar rückwärts über die steile Straße gefahren werden, weil nur der Rückwärtsgang genug Halt gab, und viele Pickups verloren ihre Ladung, weil sie auf der steilen Straße von der Ladefläche rutschte. Zwischen den Kakteen taucht Ed's Camp auf, eine Bretterbude mit Ramschladen, und in tausend Metern Höhe stehen die Ruinen von Goldroad, einer ehemaligen Minenstadt. Gelbe Schilder warnen vor wilden Eseln, die überall in den Bergen herumstreifen und sich sogar auf der Mainstreet von Oatman tummeln. Die ehemalige Goldgräberstadt wurde auf Geisterstadt getrimmt und gibt sich reichlich kommerziell: Auf der Main Street liefern sich lokale Stuntmen erbitterte Duelle mit Platzpatronen, und in den Souvenirläden werden T-Shirts, Aufkleber und Ramsch verkauft.

Die Wüste flimmert, als wir die letzten Meilen der Route 66 in Kalifornien angehen. Needles duckt sich unter der Hitze, ein Trip in die Hölle nimmt sich dagegen wie eine Vergnügungsreise aus. Die Straße verliert sich in der trostlosen Mojave Desert, vom gelobten Land ist hier nichts zu spüren. Über den Salzseen flimmern Hitzeschleier. Essex, Amboy, Ludlow – die

Namen der Wüstennester bleiben kaum im Gedächtnis hängen.

Auf diesem Teilstück der Straße müssen viele Okies den Glauben verloren haben. Selbst Barstow kann nicht versöhnen. Die große Zeit der ehemaligen Silbersiedlung, als es zwei Hotels, eine Kirche und dreizehn Saloons in der Stadt gab, sind längst vorbei. Im nahen Daggett sollen sich viele Hollywood-Stars vor der Presse versteckt haben. Über den Interstate 15 geht es nach Las Vegas.

Fluchtpunkt L.A.: Stadt der Engel

Den letzten Abschnitt der Route 66 zwischen San Bernardino und Los Angeles nennen die Kalifornier »Foothills Boulevard«. Endlich tauchen die Orangenhaine und blühenden Felder auf, von denen schon die Okies geträumt haben. Auch das vielbesungene San Bernardino hat seine Existenz den Apfelsinen zu verdanken – es wurde zum Zentrum des »Orange Empire«.

Seit einigen Jahrzehnten hängen dichte Smogwolken über der Stadt. Vier- bis sechsspurig führt der Weinberg durch die Täler, lediglich in Rialto lockt noch einmal die historische Route 66 mit dem »Wigwam Village Motel« – steinernen Tipis wie in Holbrook –, und ein Neonschild schlägt vor: »Do It in a Teepee!« Über sanfte Hügel geht es nach L.A., diesem Riesenmoloch, der die Route 66 gierig verschluckt. Beinahe schüchtern nehmen sich die braunen Hinweisschilder auf dem Santa Monica Boulevard aus, die Route verliert sich im unübersehbaren Siedlungsgewirr der Vorstädte.

Im Palisades Park, am belebten Strand in Santa Monica, weist eine nüchterne Tafel darauf hin, daß auch die Route 66 ein Ende hat. Gleich neben dem legendären Pier verliert sich die Straße zwischen den jungen Joggern und versinkt mit der Sonne im Pazifik. »Surfin' USA«: Die Musik der Beach Boys übertönt den Song, der seit Wochen durch unsere Köpfe spukt: »When you make that California trip, get your kicks on Route 66 …«

Wissenswertes

Daten und Fakten

Urlaub entlang der Traumstraße: Die Route 66 von A bis Z

Ankunft

Außer den Japanern, die meist in Los Angeles landen, fahren alle Urlauber von Osten nach Westen über die Route 66. Dort warten das Meer und die Sonne. Die Lufthansa fliegt von Frankfurt nach Chicago, während des Fluges informieren ausführliche Videos über das Reiseziel und die Formalitäten bei der Einreise. Auch das Bodenpersonal der Lufthansa in Chicago spricht deutsch und hilft gern bei Problemen. Nach der Zollabfertigung fährt man mit dem Bus oder dem Taxi in die Innenstadt.

Auskunft

In der Bundesrepublik Deutschland:

- Infomaterial gegen eine Gebühr von 10 DM bei Schotte Media Partners USA Info Service, Postfach 4101, 40654 Meerbusch, Tel. 0180/5313531.
- Für Illinois:
  Fremdenverkehrsamt Great Lakes,
  Wallstraße 56,
  40878 Ratingen,
  Tel. 02102/711191,
  Fax 02102/21177
- Für Texas:
  Texas Tourism Division,
  Herzogspitalstraße 5,
  80331 München,
  Tel. 089/23662143,
  Fax 089/2604009
- Für New Mexico:
  New Mexico Tourism Information,
  Liefenroth 25,
  51645 Gummersbach,
  Tel. 02261/979056,
  Fax 02261/979055
- Für Arizona:
  Arizona Office of Tourism,
  Kardinal-Schulte-Str. 32,
  51429 Bergisch-Gladbach,
  Tel. 02204/85677,
  Fax 02204/85063

Autofahren

Amerikaner fahren ausgesprochen defensiv und veranstalten kein Hupkonzert, wenn Sie mal auf der Kreuzung stehenbleiben oder sich zu spät einreihen wollen. Fast alle Fahrzeuge, auch Wohnmobile, lassen sich dank eines Automatikgetriebes problemlos steuern.

Auf der Route 66 beträgt die Höchstgeschwindigkeit meist 55 mph (88 km/h), auf den Interstates dürfen bis zu 75 mph (120 km/h), in Ortschaften zwischen 25 mph (40 km/h) und 35 mph (56 km/h) gefahren werden. Die Polizei überwacht streng.

Die Verkehrsregeln unterscheiden sich nur wenig von den Vorschriften in Deutschland, Österreich und der Schweiz. Ein Polizeiwagen, der ein Fahrzeug stoppen will, überholt nicht, sondern fährt mit blinkendem Blaulicht hinterher, bis der Fahrer hält. Es empfiehlt sich, in einem solchen Fall ruhig zu bleiben und die Hände auf das Lenkrad zu legen.

Bei einer Panne rechts halten und die Kühlerhaube aufklappen – das ist das Zeichen für jeden anderen Verkehrsteilnehmer und die Polizei, daß Sie Hilfe brauchen.

Mitglieder europäischer Automobilclubs können in den USA die Hilfe und Unterstützung der American Automobile Association (AAA = »Triple A«) in Anspruch nehmen.

Camping

Ein Cadillac oder ein 57er Chevy wären stilvoller, aber am praktischsten reist man im Wohnmobil über die Route 66. Die Fahrzeuge sind komfortabel ausgestattet. Alle Wohnmobile haben Servolenkung und sind auch von Sonntagsfahrern leicht über die Highways zu steuern.

Zum Fahren eines Wohnmobils genügt ein deutscher Führerschein der Klasse III, das Mindestalter beträgt 21 Jahre. Mieten sollte man bei einem europäischen Veranstalter, weil man dann dem Reisegesetz des eigenen Landes unterliegt und gegebenenfalls den Veranstalter haftbar machen kann. Außerdem wird einem viel Arbeit abgenommen.

Die Fahrzeuge europäischer Reiseveranstalter sind haftpflichtversichert, für einen Aufpreis kann man die Selbstbeteiligung ausschließen. Nicht versichert sind die Klimaanlage und Staukästen unter dem Fahrgestell – also Teile, die oberhalb des Daches und unterhalb der Kotflügel liegen.

Fast alle amerikanischen Campgrounds bieten einen Komfort, der auf den europäischen Campingplätzen unbekannt ist. Von einem durchschnittlichen Platz in den USA kann man eine gepflegte Anlage mit viel Platz zum Wenden und Rangieren erwarten, saubere sanitäre Anlagen (Duschen, WC), Waschmaschinen und Trockner (Münzbetrieb – eine Waschladung kostet ungefähr 2 Dollar, das Trocknen ungefähr 1 Dollar) – sowie einen ordentlich gewarteten Swimmingpool, einen Kinderspielplatz, einen kleinen Laden mit den notwendigsten Lebensmitteln, Campingzubehör, Souvenirs und natürlich geräumige Stellplätze mit allen Anschlüssen für Wasser, Strom und Abwasser (»full hook-up«). Außerdem gibt es Grillstellen, Picknicktische und an Seen und Flüssen auch einen Bootsverleih.

Sehr empfehlenswert und überall an der Route 66 gelegen sind die Campgrounds der KOA-Kette. Die Plätze werden im »KOA Campground Guide« aufgeführt, der bei der Firma kostenlos erhältlich ist: Campgrounds of America (KOA), P.O. Box 30558, Billings, MT 59114.

Diplomatische Vertretungen

- *Botschaft der USA in Deutschland:*
  Deichmannsaue 29,
  D-55179 Bonn,
  Tel. (0228) 3391.
- *Botschaft der USA in Österreich:*
  Boltzmanngasse 16,
  A-1090 Wien,
  Tel. (0043) 1313390.
- *Botschaft der USA in der Schweiz:*
  Jubiläumsstrasse 93,
  CH-3005 Bern,
  Tel. (0041) 313577011.

US-Konsulate gibt es darüber hinaus in Berlin, Frankfurt a. M., Hamburg, München und Stuttgart sowie in Salzburg und Zürich.

- In den USA helfen die jeweiligen Botschaften in Washington weiter:
- *Deutsche Botschaft:*
  4645 Reservoir Road NW.,
  Washington, D.C. 2007-1998,
  Tel. (202) 2988141.
- *Österreichische Botschaft:*
  2343 Massachusetts Ave. NW.,
  Washington, D.C. 2007-20 008,
  Tel. (202) 7973000.
- *Schweizer Botschaft:*
  2900 Cathedral Ave. NW.,
  Washington, D.C. 20 008-3499,
  Tel. (202) 745-7900.

Angaben in den Telefonbüchern unter den Stichwörtern »Embassy« oder »Consulate«.

Nach Deutschland dürfen Waren für den privaten Gebrauch im Gesamtwert von 350 DM zollfrei eingeführt werden. Mengenbegrenzungen gelten für hochversteuerbare Waren: wahlweise 200 Zigaretten oder 100 Zigarillos oder 50 Zigarren oder 250 Gramm Tabak. Ein Liter Spirituosen mit über 22 Prozent Alkohol oder zwei Liter Spirituosen unter 22 Volumenprozent Alkohol oder zwei Liter Schaumwein. Zwei Liter Wein. 500 Gramm Kaffee oder 200 Gramm Pulverkaffee oder 50 Gramm Parfüm.

Einkaufen

Malls sind überdachte Einkaufszentren mit 100 und mehr Ladengeschäften – vom Bekleidungsgeschäft bis zum Sportladen, vom Plattengeschäft bis zur Buchhandlung, vom Kaufhaus bis zur Boutique. Sie liegen meist am Stadtrand und an den großen Ausfallstraßen. In den sogenannten »Factory Outlets« werden die Einzelhändler direkt vom Hersteller beliefert und können ihre Waren deshalb billiger abgeben.

In den USA gibt es kein Ladenschlußgesetz. Die Malls sowie fast alle anderen Läden haben werktags meist von 9 bis 21 Uhr und sonntags von 12 bis 18 Uhr geöffnet. Einige Läden, wie »Toys ›R‹ Us«, sind sogar bis 23 Uhr für ihre Kunden da.

Die amerikanischen Supermärkte (Safeway u.a.) beeindrucken den europäischen Besucher vor allem durch ihre Größe. Wichtig für europäische Camper, die sich in einem Supermarkt mit Proviant eindecken: Die Packungen entsprechen dem großen Hunger und dem Einkaufsverhalten der Amerikaner, die meist nur einmal pro Woche einkaufen. Ein selbstverständlicher Service: Die Waren werden von einem freundlichen Angestellten verpackt und zum Wagen gebracht.

Viele Supermärkte und Drugstores haben durchgehend geöffnet. Sichere Adressen für den Einkauf zu später Nacht: Convenience Stores (dort gibt fast alles für den täglichen Gebrauch) wie »Circle K« und »Seven-Eleven« sind etwas teurer, schließen aber nie.

Am praktischsten reist man im bequemen Wohnmobil über die historische Route 66.

Ein- und Ausreise

Für die Einreise in die USA (bei einem Aufenthalt bis zu 90 Tagen) benötigt man einen Reisepaß, der noch mindestens ein halbes Jahr gültig ist. Ein Besuchervisum ist nicht mehr notwendig. Es genügt ein ausgefülltes Formular des »Pilot Waver Programm«, das man im Flugzeug erhält.

Vor allem von Jugendlichen wird häufig die Vorlage eines Rückflugtickets verlangt.

Zollfrei in die USA einführen darf man eine Gallone (3,6 Liter) Alkohol, 200 Zigaretten und 100 Zigarren oder drei Pfund Tabak (sowie 100 Extra-Zigaretten als Geschenk). Tabak darf man ab 18, Alkohol ab 21 Jahren mitbringen. Einbehalten werden nicht abgepackte Lebensmittel und landwirtschaftliche Erzeugnisse.

Essen und Trinken

Die Route 66 führt durch die amerikanische Provinz, die nicht gerade für ihre kulinarischen Highlights bekannt ist. Steaks, Chicken und Fast Food bestimmen die Szenerie. Gourmets kommen lediglich in Chicago, St. Louis, Santa Fe und Los Angeles auf ihre Kosten. Die wichtigste Mahlzeit des Tages ist das Dinner, das am frühen Abend eingenommen wird.

Anders im Geschmack und für den europäischen Gaumen gewöhnungsbedürftig sind der Kaffee (anders geröstet und viel zu dünn) sowie das Brot (labbriges Weißbrot – unserem Brot am ähnlichsten schmecken »Kaiser Rolls«, »Bagles« und »Jewish Rye«).

Europäische Waren werden immer beliebter und sind zumindest in großen Feinkostgeschäften (z. B. in Santa Fe) erhältlich.

Beim Betreten eines Restaurants wartet man, bis man einen Platz zugewiesen bekommt. Kellnerinnen sind auf das Trinkgeld angewiesen, es sollte fünfzehn Prozent des Nettopreises betragen. Unbedingt nach preiswerten »Specials« fragen. Kaffee und Eistee werden oft kostenlos nachgeschenkt. Die meisten Lokale bieten Kindergerichte an. Ist eine Mahlzeit zu üppig ausgefallen, was in den USA sehr häufig vorkommt, verlangt man eine sogenannte »Doggie Bag«.

Die Neonschilder der Fastfood-Restaurants prägen das Erscheinungsbild der Vorstädte. In der Branche tobt ein erbitterter Konkurrenzkampf, der zu zahlreichen lukrativen Sonderangeboten führt. Der »Big Mac« kostet vielerorts nur noch 99 Cents.

Feiertage

In den USA gibt es weniger Feiertage als bei uns. Fällt ein Feiertag auf einen Sonntag, ist der darauffolgende Montag frei. An Feiertagen sind alle Behörden und öffentlichen Gebäude geschlossen.

- Neujahr: 1. Januar
- Martin Luther King's Birthday: dritter Montag im Januar
- President's Day: dritter Montag im Februar
- Memorial Day: letzter Montag im Mai
- Independence Day: 4. Juli
- Labor Day: erster Montag im September
- Columbus Day: zweiter Montag im Oktober
- Veteran's Day: 11. November
- Thanksgiving Day: vierter Donnerstag im November
- Weihnachten: 25. Dezember

Geldangelegenheiten

Das gültige Zahlungsmittel in den USA ist der Dollar. Ein Dollar hat 100 Cents. Münzen gibt es zu 1 Cent (im Volksmund auch »penny« genannt), 5 Cents (»nickel«), 10 Cents (»dime«), 25 Cents (»quarter«) und die seltenen 50-Cents- und 1-Dollar-Münzen. Als Banknoten sind Scheine zu 1, 2, 5, 10, 20, 50 und 100 Dollar im Umlauf. Die Geldscheine haben (noch) dieselbe Größe und Farbe und unterscheiden sich nur durch die unterschiedliche Wertangabe und den Präsidentenkopf auf der Vorderseite – also Vorsicht! In nächster Zukunft werden neue fälschungssichere Banknoten ausgegeben, die sich auch farblich unterscheiden sollen. Die neue Hundert-Dollar-Note ist bereits in Umlauf.

Am besten sollte man das Geld schon in Europa umtauschen – einen Teil möglichst in Reiseschecks, die beinahe überall als Zahlungsmittel akzeptiert werden. Euroschecks werden nur von großen Banken angenommen – wenn überhaupt. Deutsche Banknoten tauschen inzwischen fast alle Banken, die Wechselbüros auf den großen Flughäfen und einige kommerzielle Wechselstuben.

Unbedingt zu empfehlen ist die Kreditkarte einer bekannten Firma wie Eurocard oder Visa. American Express ist in den USA nicht so verbreitet. Kreditkarten helfen auch in Notfällen (Krankenhausaufenthalt) aus der Patsche. Vor allem größere Beträge (Hotels, Mietwagen, Restaurants) werden mit »plastic money« bezahlt.

Die Banken haben normalerweise montags bis donnerstags von 9 bis 17 Uhr, freitags bis 18 Uhr und samstags von 9 bis 14 Uhr geöffnet und sind am Sonntag und an Feiertagen geschlossen. Rund um die Uhr stehen vielerorts ATM (Automatic Teller Machines) zur Verfügung, das sind Geldautomaten, die nur amerikanische Bankkarten, aber auch internationale Kreditkarten akzeptieren. Für Barabhebungen ist eine Geheimnummer (PIN) erforderlich.

Gesundheit

Kleinere Blessuren behandelt jeder Arzt. Da es kein Versicherungsabkommen zwischen Deutschland, Österreich, Schweiz und den USA gibt, empfiehlt sich der Abschluß einer Reisekrankenversicherung. Vorschießen muß man eventuell anfallende Behandlungskosten aber auf jeden Fall; eine Kreditkarte ist dabei hilfreich.

Medikamente bekommt man in »pharmacies« – also Apotheken, die vielerorts den »drugstores« angeschlossen sind. Für rezeptpflichtige Arzneimittel (prescriptions) braucht man ein Rezept, die meisten Medikamente (viel mehr als in Deutschland) sind allerdings rezeptfrei. Seine eigenen Tabletten sollte man im Reisegepäck haben, da viele Fabrikate in den USA nicht erhältlich sind.

Mietwagen

Entlang der Route 66 ist man auf einen Mietwagen angewiesen. Alle größeren Agenturen wie Hertz, Avis, National, Budget und Alamo unterhalten Büros sowohl in den Innenstädten als auch an den Flughäfen.

- Um einen Wagen in den USA zu mieten, muß man 21 Jahre alt sein. Der Führerschein des Heimatlandes genügt, ein internationaler Führerschein erspart im Notfall Sprachprobleme mit der Polizei.
- Es empfiehlt sich, den Wagen vor der Abreise in Europa zu buchen bzw. im voraus zu reservieren.
- Unbedingt anzuraten (aber nicht vorgeschrieben) ist eine Haftpflichtversicherung. Die Versicherungskosten von ungefähr 14 Dollar pro Tag können sich durchaus auszahlen.
- Unbedingt nach einem der zahlreichen Sonderangebote (Weekend-Specials usw.) erkundigen!
- Gibt man den Wagen in einer anderen Stadt zurück, fällt eine beträchtliche »Drop-off-Charge« an.
- Je nach Abmachung ist der Wagen vollgetankt oder leer zurückzubringen.
- Die gebührenfreien Telefonnummern der großen Mietwagenfirmen in den USA:

Alamo: 1-800327-9633,
Avis: 1-800-331-1212,
Budget: 1-800-527-0700,
Hertz: 1-800-654-3131,
National: 1-800-227-7368.

Notfälle

In einem Notfall empfiehlt es sich, das Hotel- oder Motelpersonal um Hilfe zu bitten oder den »Operator« anzurufen (die Null wählen). Bei Unfällen oder in Notsituationen erreicht man über die Notrufnummer 911 Polizei, Feuerwehr oder die lokale Ambulanz.

Post

Postämter gibt es in jedem Ort, sie sind meistens von 8 bis 17 Uhr, samstags von 8 bis 12 Uhr geöffnet. Sonntags sind sie geschlossen. Weil die Telefongesellschaften und auch Western Union privat organisiert sind, kann

Erstklassige Southwestern Cuisine bietet das Old House Restaurant in Santa Fe.

man dort weder telefonieren noch ein Telegramm aufgeben. Briefe und Karten sind fünf bis sieben Tage nach Europa unterwegs.

Post von Europa zu einem beliebigen Ort in den USA (ohne feste Adresse) bitte wie folgt adressieren: Name, c/o General Delivery, Main Post Office, Name der Stadt. Die Post hebt sie einen Monat lang auf.

Strom

Die Stromspannung beträgt in den USA nur zwischen 110 und 125 Volt, dafür ist die Phasenzahl des Wechselstroms höher: 60 statt 50 Hertz wie bei uns. Rasierapparat, Fön und Reisebügeleisen zeigen sich davon unbeeindruckt, sofern sie über einen Schalter verfügen, mit dem man die Spannung umstellen kann. Mitgebrachte elektrische Wecker allerdings funktionieren deshalb nicht.

Für die Steckdose ist ein Adapter nötig, den man in deutschen Elektrogeschäften und in den USA in großen Drugstores und bei Radio Shack erhält.

Telefon

Das Fernsprechnetz wird in den USA von privaten Gesellschaften kontrolliert. Hilfreich zur Seite steht Ihnen der sogenannte »operator«, meist eine freundliche Dame, die man kostenlos durch das Wählen einer 0 erreicht. Den Overseas operator erreichen Sie unter der Nummer 00.

Amerikanische Telefonnummern sind in drei Zahlenblöcke unterteilt, z. B. (303) 668-2861. Die in Klammern stehende Zahl bildet die Vorwahl. Bei Ortsgesprächen ist nur die siebenstellige Nummer zu wählen, bei Ferngesprächen innerhalb des Staates wählt man eine 1 vor. Die Vorwahl muß nur außerhalb des Staates gewählt werden.

Vollkommen problemlos gestaltet sich ein Anruf mit der sogenannten »calling card«, der Kreditkarte der privaten Telefongesellschaften. Eine Calling Card erhalten Sie in Deutschland kostenlos (auf Anfrage) mit manchen Kreditkarten. Die Gebühren werden über die Kreditkartenfirma abgerechnet.

Von einem Privatanschluß oder per Kreditkarte können Sie durchwählen: 01 (internationale Durchwahl), 49 (Vorwahl für Deutschland), die Ortsvorwahl ohne die Null und die Rufnummer. Im Hotel muß eine 8 oder 9 vorgewählt werden.

Eine Besonderheit sind die sogenannten »toll free numbers« (gebührenfreie Nummern), die mit 1-800 beginnen. Oft werden Buchstabenkombinationen wie »USA-WIND« angegeben, die mit den Lettern auf den Drucktasten korrespondieren.

Unterkunft

Es stehen Hotels aller Preisklassen zur Verfügung – vom luxuriösen »Hyatt Regency« bis zum preiswerten »Motel 6«. Beliebt sind sogenannte »Resorts«, riesige Freizeitanlagen, vergleichbar mit unseren Sporthotels, nur großzügiger gestaltet.

Im Aufzug sollte man sich nicht wundern: Der erste Stock ist in den USA das Parterre, und einen dreizehnten Stock gibt es überhaupt nicht – zur Beruhigung abergläubischer Naturen. Motels (die früheren »Motor Courts«) nennt man kleine Hotels für motorisierte Urlauber, die aber auch anderen Leuten offenstehen. Sie liegen fast ausschließlich an den Interstates und Highways und sind außerhalb der Städte relativ billig.

Zwei besondere Übernachtungs-Tips

Surf Hotel, 555 West Surf Street, Chicago, IL 60657. Tel. (773) 528-8400, Fax (773) 5287-8483 – ein schmucker Neighborhood Inn nahe der North Side; in einer ruhigen, von Bäumen gesäumten Straße. Europäisches Ambiente in der französisch gestylten Eingangshalle und den gemütlichen Zimmern.

Quail Run Condominiums, 3101 Old Pecos Trail, Santa Fe, NM 87505. Tel. (505) 986-2222 – luxuriöse Wohnungen (2 bis 4 Zimmer) in einer exklusiven Wohnanlage, die stilvollen Adobe-Häuser liegen am Stadtrand. Mexikanisches Ambiente im gemütlichen Wohnzimmer, der Kamin entzündet sich automatisch. Die Tennisplätze und ein Pool liegen direkt vor der Tür. Die Wohnungen werden wöchentlich oder monatlich vermietet.

In Santa Monica, dem ehemals mondänen Vorort von Los Angeles, endet die Route 66. Die Küstenstraße führt am Pazifik entlang.

Eine Produktion des
Bruckmann-Teams, München

Konzeption (verantwortlich),
Lektorat und Bildredaktion: Robert Fischer
Bildlegenden: Thomas Jeier
Layout und Herstellung: Bettina Schippel

Fotonacgweis:
Vordercover Bildagentur LOOK;
Alle übrigen Fotos Udo Bernhart

Kartographie: Elsner & Schichor, Karlsruhe

Alle Angaben dieses Werkes wurden von den Autoren sorgfältig recherchiert und auf den aktuellen Stand gebracht sowie vom Verlag auf Stimmigkeit geprüft. Für die Richtigkeit der Angaben kann jedoch keine Haftung übernommen werden. Für Hinweise und Anregungen sind wir jederzeit dankbar. Bitte richten Sie diese an den Bruckmann Verlag GmbH, Lektorat, Nymphenburger Straße 86, 80636 München.

Gedruckt auf chlorfrei gebleichtem Papier.

Printed in Slovenija

ISBN 3-7654-3586-4

Die Autoren bedanken sich bei der Lufthansa und Kampgrounds of America für die freundliche Unterstützung, außerdem bei den Fremdenverkehrsämtern von Illinois, Chicago, Missouri, St. Louis, Kansas, Oklahoma, Tulsa, Oklahoma City, Texas, Amarillo, New Mexico, Las Vegas, Tucumcari, Santa Rosa, Santa Fe, Arizona, Holbrook, Flagstaff, Kingman und Kalifornien. Ein besonderer Dank gilt den lieben Menschen an der Route 66, die uns bereitwillig Auskunft gaben und bei unseren Recherchen unterstützten.

Udo Bernhart (Fotos), geboren 1956 in Bozen/Südtirol, lebt heute in Langen bei Frankfurt und ist freiberuflich als Fotojournalist und Fotodesigner tätig. Bei Bruckmann erschienen von ihm zuletzt Bücher über Südtirol, San Francisco, New York, Prag und Madeira. Udo Bernhart fotografiert mit Leica-Kameras R 6 und R 8 sowie mit folgenden Objektiven: Super-Elmar 15 mm, Super Angulon 21 mm, Vario-Elmar 35–70 mm, APO-Macro-Elmarit 100 mm und Apo-Telyt 180 mm, 280 mm sowie 400 mm.

Thomas Jeier (Text), geboren 1947, lebt in München und »on the road« in den USA. Seit 1972 freier Schriftsteller. Er hat zahlreiche Romane, Jugendbücher und Reisebücher geschrieben. Für sein Abenteuerbuch »Der große Goldrausch von Alaska« erhielt er den Friedrich-Gerstäcker-Preis, für einen Texas-Reiseführer wurde er von der texanischen Regierung ausgezeichnet. Er arbeitet außerdem für Zeitschriften und den Hörfunk (»Country Club«).

Autor und Fotograf kennen die Route 66 von mehreren US-Aufenthalten.